值得信賴的
女醫師系列
3

防止過度疲勞，
創造充沛的體力

上班女性的壓力症候群

池下女性研究院銀座院長
池下育子／著
林瑞玉／譯

品冠文化出版社

作者專訪

希望能幫助女性活得健康又美麗

●──請問醫師你邁入醫學之道關鍵是什麼？

我孩提時代的夢想其實是成為一位鋼琴家。為此，我每天練五～六小時的鋼琴，因為手指會受傷，在家不幫忙做家事，在學校也不打球。但是，到了高中，我開始感到疑惑。為了成為「鋼琴家」，我犧牲了我想做的事，即使人生必須經歷的事，也受到了種種的限制。

不過在鋼琴方面，除了拼命練習古典樂曲之外，我也知道流行音樂的彈奏法。

接近大學入學考時，我想起了孩提時代，身為婦產科醫生的父親對我說的話。那就是「當妳長大時，也許正是女性時代的來臨。對於我自己本身所從事的醫療，我深深覺得有男人無法體會的痛苦，一定要女人才完全溶入。如果，妳想要以身為女人為榮，一定要從事能發揮女性特質的職業」。

隨著考試日期一天一天的逼近，我的心更加的困惑，最後只接受了一家醫學部的考試。也許成為醫師是上天給我社會使命吧！最後我還進入醫學部就讀。

進入大學，為了彌補以往練鋼琴而跟不上人家的課業，我拼命的用功。到六年級時，我選擇了麻醉科為專科。

因為當時我的想法是，我不擅與人交談，而且人生經驗尚淺，才二十四歲，與周遭的前輩比起來，自己實在無法成為一位能與患者交談的醫生，而麻醉醫生只需讓人睡著就好了。

●——爲何又選擇了婦產科呢？

進入大學醫院的麻醉科之後，每天仍是過著與患者沒什麼接觸的生活。然而，三年後，我轉到了國立兒童醫院。在那裡，當手術的一週前，必須先到病童那裡，與病童做心靈的溝通。以往都只騙說：「不會痛的。」便直接進行麻醉注射，但這裡是要求要給孩子心靈建設，告訴他們「注射會痛，但你一定可以打敗它」。

為此，我為孩子們說了很多，慢慢的打開了他們的心扉。有了這些經驗，我第一次深刻地感受到原來「醫療是這麼了不起」。父親的話再度浮現在我腦海裡。

為了創造女性的新生命，於是我決定轉到婦產科。而我以婦產科醫生的身份上班的地方，就是東京都立築地婦產科醫院。

第一天上班，看到上司堀口貞夫對患者親切、真誠的態度，因為身為男性，所以更拼命地想去了解女性的痛苦及不安，那種態度令我非常感動。於是當下立定目標，要以醫師那種「醫者要仁術」的胸懷為模範。話雖如此，但實際上這是必須與人接觸的診療，對於每天都必須接觸患者而感到強烈的不安，有時看到患者的眼睛，甚至會害怕的連話都說不好。

後來，在同婦產科醫師的貞夫醫師的太太雅子醫師介紹下，我又多了一目標。以往，我原打算在結婚生子後便回到家庭當全職的主婦，但是看到一邊照顧二個孩子，一邊又持續工作的雅子醫師，以及他們夫妻美好的生活，我覺得自己也該努力才行。

我二十八歲生下孩子後，還是與同為婦產科醫師的外子，共同擔負起工作及育兒的任務。

●——爲什麼想開設女性診所呢？

在每天的診療中，「想更了解女性的身、心，想對她們更有幫助」的想法日漸增強。另外一個原因是我對更年期的關心。

關鍵雖是家母在更年期時患了嚴重的憂鬱病，才喚起我對更年期的關心。但還有一個原因，就是我本身隨著年齡的增長，發現不僅要治療疾病及負責接生，還要以溫柔的心去包容他人，連患者的心靈都必須照顧到才行。

於是在築地婦產科醫院開設了更年期的特別門診。一般在公立醫院，很難有和患者侃侃而談的時間及場所。在只隔著一個屏風的診療室中，要與醫師談及夫妻間的生活及隱私，任誰都難以啟齒。再加上我個人的一些因素，於是辭去了服務達十五年之久的醫院，在銀座繁華街上的一角開設診所。最初到這裡來的患者都是鬱鬱寡歡，藉著來

這裡看診，慢慢把心裡的話說出來而變得開朗、漂亮起來。看到她們這些變化，我也感到非常高興。

然而，可能是因為在銀座的關係吧，在這周邊上班的女性患者逐漸增加。比起更年期女性，這些年輕的患者，目光顯得更無神、沒有元氣，都是因平時壓力積存所致。

「一定得幫幫她們才行」，於是幫助她們就成了我目前主要的工作。

現在我很慶幸自己是個婦產科醫生。只要在我的能力範圍之內，我願意為我最喜歡的女性們服務，幫助她們活得更健康、更美麗。

目　錄

●作者專訪●　希望能幫助女性活得健康又美麗

請問醫師你邁入醫學之道關鍵是什麼？……三
爲何又選擇了婦產科呢？……五
爲什麼想開設女性診所呢？……七

第1章　上班女性各種身心的煩惱

月經方面的煩惱……一四
婦科常見的各種症狀……二四
因性行爲感染症引發的問題日益增加……三〇
肥胖、減肥所引起的問題……三三
手腳冰冷、貧血等不定愁訴很惱人……三九

捲入人際關係的問題中……四二

第2章 壓力是導致身心失調的重大原因

女性的身體與荷爾蒙的功能……五〇
壓力和荷爾蒙、自律神經的關係……五四
脆弱的五感與壓力……五八
因電腦及ＯＡ機器導致科技壓力增加……六二
新的「太在意」壓力……六四
壓力也會對心情造成影響……六九
想生病症候群、疾病疼痛症候群……七二

第3章 處理擔心的症狀

手腳冰冷症……七七
便秘……八〇
痔瘡……八二

腰痛……八四
肩膀酸痛……八九
頭痛……九二
耳鳴、頭暈……九三
眼睛疲勞……九五
起立性昏眩……九八
長腫疱……一〇〇

第4章 確實掌握容易引起婦科症狀的原因

●婦科・女性性器的主要疾病

梅毒……一一〇
淋病……一一一
尖頭濕疣……一一二
性器疱疹……一一二
淋菌性陰道炎……一一三

滴蟲性陰道炎……………………一一四
念珠菌陰道炎……………………一一五
月經困難症……………………一一六
子宮外孕……………………一一七
子宮肌瘤……………………一一八
前庭大腺囊腫……………………一二〇
子宮頸管瘜肉……………………一二一
子宮頸管炎……………………一二二
子宮陰道部糜爛……………………一二三

第5章　上班女性容易罹患的疾病及其對策

胃潰瘍……………………一二六
高血壓、低血壓……………………一二八
貧血……………………一三〇
過敏性腸症候群……………………一三二

膀胱炎……一三四
外翻拇趾……一三六
憂鬱症……一三八
酒精依賴症……一四一
拒食症、過食症……一四四
索　引……一四六

第一章

上班女性各種身心的煩惱

月經方面的煩惱

月經，是女性健康的指標。從初經到停經的這段期間，爲了使每個月月經都來報到，體內的荷爾蒙及腦會以絕佳的平衡不眠不休的工作著。

換言之，如果這種平衡瓦解，月經也會跟著不順，會不規則，月經的量會有變化，或是引起疼痛，這同時也是對健康發出的警訊。在我們周遭，承受各種壓力的上班女性，就有很多人都有這種月經上的煩惱。

接下來爲各位介紹一些到我的診所來看診的上班族，身心方面的各種常見問題。由這裡，也許你會發現到這不是自己或朋友、公司同事也有的毛病嗎？

因錯誤的減肥而導致稀發月經的新進職員

A小姐，是進入公司才第一年的新職員。自一流大學畢業後即進入一流公司服務的A小姐，對自己的容貌及能力都充滿自信。但是，開始上班後，一些新進職員該做的事，例如影印文件等雜事，卻因不習慣而屢屢出錯，每天都被上司盯著。這對於向來在學校及家庭都備受嬌寵的A小姐來說，是人生中首度遭到的挫折。

看看周遭，一些比自己學歷低，只不過是高中畢業或短大畢業的女職員，個個都那麼熟練，比自己胖、又醜的女性職員，也都頗受男職員的青睞，能和他們自自然然的聊天。

自認爲：「論學歷及外表，我都不比她們差，爲什麼就是得不到他人的肯定。我不能輸給其他人」而焦躁不安、易怒。爲了比其他女性職員更漂亮，她想讓自己更瘦一點，比其他人更漂亮。

開始減肥後，體重大幅度減輕。這對在學校皆以分數評斷一切的數字社會中成長，只有數字才能使她達到成就感的A小姐來說，的確使她感到無比快感。

在公司的工作或人際關係，並不是單純的數字就能表示，因此，她當然會感到不安、不滿。逐漸地，體重計上所表示的數字，即成爲她的目標，同時她也加速了減肥的速度，甚至在人前她都不敢吃東西。

因爲午餐時不能和同事一起出去吃，下班後也不跟人家去吃吃喝喝，所以沒有朋友，漸漸的就變成獨來獨往。即使是男朋友的邀約，她也不敢去，漸漸的臉上不再有笑容，變得面無表情。

她之所以到我的診所，是因爲稀發月經來求診的。所謂的稀發月經，是指月經週期超過三十九天以上，在三個月以內，但A小姐是因減肥導致荷爾蒙失調所致。

我很快就發現，只要她的心理問題沒有先解決，就沒有辦法眞正進行治療。首先，從導致她不當減肥的主因心態問題慢慢糾正起，一邊慢慢解開她心中的結，一邊開始身體上的治療，結果體重恢復正常後，月經也就跟著恢復了。

與複雜、難以想像的社會體系相比，藉著數字感覺來確認體重減少是簡單多了。爲了想與人一爭長短而有「想變漂亮＝只要減肥即可」的想法，這未免過於膚淺。但現實生活中，這樣的女性卻日漸增多。在碰壁或遇到挫折時，不要再找其他的逃路，要想想該如何去突破難關，同時也奉勸各位，要重新評估這種錯誤的美學意識。

在中階管理層中日漸增多的月經前緊張症

不管是專門職或綜合職的女性，在三十五歲左右大多已晉升管理職。不過，與同齡的男職員相比，晉升算是很慢，雖同樣掛著「課長」、「股長」等的頭銜，但實際工作的內容卻大有差異。

雖然有男女雇用機會均等法，但在工作場所上，男女畢竟不同，像是結婚生子的人，因爲還要兼顧育兒等工作，而無法和男人一樣加班、出差。三十多歲的人，責任雖比二十多歲的人重，但卻無法和二十多歲的人一樣專心投入工作中，是覺得凡事都要半途而廢的年代。

因此，會產生一種想要否定限制到工作發展可能性的女性性別，也就是女性的身體構造及母性的心情，於是每個月必來的月經，便讓她們感到厭煩。

例如，在月經中開會時，稍微移動一下就得注意有沒有帶衛生棉，出差時也感到心情特別沈重，雖都只是小事，但累積下來也是很大的壓力。

於是月經前緊張症，便在這類女性中蔓延開來。從月經來的一週前到二～三天前，就會出現胸部發脹、腳浮腫、頭痛、肩膀酸痛、便秘或下痢、嗜睡、集中力不集中、焦躁

避孕丸（口服避孕藥）

由卵泡素與黃體素製造出疑似懷孕狀態，停止排卵的藥物。除了避孕，也可以用來進行荷爾蒙治療。

等不快的症狀。

大多數的情形是症狀會隨著月經開始而消失。月經前荷爾蒙的變動是目前最有力的說法。精神壓力大時就會強烈感受到這些症狀，反之，若心情輕鬆時，就不會在意這些不快症狀。不僅在月經前，甚至會強烈感受到月經痛的人，也大有人在。有人認爲，可能是討厭月經，想否定自己身爲女性的心情所影響的。

治療月經前緊張症，就是利用**避孕丸**來改變月經週期，視症狀而定，有的可以用鎭痛劑、利尿劑、精神安定劑來治療。但是這些藥，畢竟只是對症療法，無法根本解決精神壓力或煩躁的想法。其中不乏不想再生孩子，或不想要孩子的人，甚至有人說：「既然月經這麼煩人，乾脆拿掉子宮算了。」

這些位居中間管理階層的女性，所感受到的身心上的壓力，事實上我自己也曾體驗到。

醫生這種職業，需要輪夜班，即使是半夜，電話一叫也要隨時趕去。偏偏我就是個從事這種職業的媽媽，當時就讀小學五年級的兒子突然發高燒，可能是在發出「不要去工作，我要妳留在身邊」的訊號吧！當時，在青森擔任醫生的父親也病了，我一個星期得過去幫忙好幾次。

在當時擔任醫長一職的我，心想即使頭銜被除也無所謂，只想請假，但不爲院方所接受。爲什麼我是身處在這種時代呢？「爲什麼當個醫生那麼辛苦」「兒子、父親都要我照顧」，我非常痛苦，而疲勞一直堆積。

在那段期間，**顎關節症**、無月經、失眠症、輕微的憂鬱症都一一來侵襲我。雖然我很想振作，但要做的事情一堆，我實在擠不出任何力氣。最後我決定辭去醫院的職務，選擇自己開業，度過了痛苦的時期。

對於三十五歲以後的上班婦女來說，這可能是個轉機。在公司的責任加重，私人方面，家中的小孩正值反抗期，可

顎關節症

下顎關節引起發炎症狀，疼痛、很難張開口。容易因爲壓力而引起。

能上又有年老的父母要照顧。「這樣下去，這份工作還做得下去嗎」、「現在什麼才是必須要做的」……，不論身心都承受了強大的壓力。甚至有人會有「乾脆生場大病，把一切責任都丟出去較輕鬆」的想法。

在美國，上班婦女因工作壓力而引發的心理問題，稱爲女強人症候群。但在國內，則大多指在工作、家事、育兒方面都想做到非常完美，而把自己搞得身心具疲的女強人的症狀。解決之道就是要告誡自己不要太努力，要適當地放鬆自己。不過，最後問題還是要靠自己來解決。

因此，希望各位不要自己一個人承受那麼大的壓力，可求助於婦科，有時是**心療內科**、精神科的醫生，請他們給自己一個建議。

心療內科

除了精神的照顧之外，還要進行疾病診察、治療等，近年來增加了不少。

墮胎後因心靈的創傷導致無月經

近年來，十幾、二十幾歲的女性墮胎的人增加，成爲一大問題，但選擇工作而不願生育的女性也增加，這也是一大問題。

身為公司的中堅職員，被賦予重任的三十五歲的B小姐，在知道自己懷孕後即要求墮胎。問她原因，她堂而皇之的說：「現在自己正有重責在身，此時懷孕、生產、育兒都不適合。當我想生時再生。」她的男友希望和她結婚，並要她生下這個孩子，但B小姐卻不願這麼做。

如果是二十幾歲，這次不想生，可以等待下次的機會，但對三十多歲的人來說，也許已經是最後一次機會了。於是我反問她：「妳說想生時再生，如果萬一想生時卻已經無法懷孕了，那要怎麼辦。」她則回我：「即使眞是如此，這也是我自己選的，我無怨無悔。如果我選擇不工作，那我將留下終生的遺憾。」的確，也有人會有這種想法。在國內，很多在休完產假回到職場的女性，一定會被迫調離第一線的業務，一種無形的壓力會逼得人自動退出職場。

但是，並非所有的人都是如此。在動過墮胎手術後，姑且不論身體上的傷痛，光是心靈的創傷，就有很多人都無法痊癒。後悔及罪惡感成爲揮之不去的夢魘，形成很大的壓力而導致無月經。這種情形，只要投與荷爾蒙劑，還是可使月經再來，但最重要的還是心靈的呵護。

使荷爾蒙分泌紊亂、造成精神壓力的根本，若一日不除，則即使治好了無月經，下次也會以他種形態出現症狀。希望B小姐不要留下這種心靈創傷才好……。

像這種女強人在選擇工作或孩子上，也有很多理由。她們雖以「現在不生」爲理由，信誓旦旦的要爲自己的選擇負責，爲何不生，她們也都有明確的理由。或者這是「他的孩子」，不是「他和我的孩子」，要生「自己的孩子」的女性增多了。能確立自己的立場，這點我倒是覺得很了不起，但是……。

若反過來問「爲什麼要生」，很多女性也都能明白的將自己的意思表達出來。

結婚，當然就是要懷孕、生子，即使是男伴、周圍的親戚、朋友，也都認爲「結婚就是要生小孩」。生了孩子，就幫他買名牌服裝，讓他上著名的幼稚園，上有名的小學。將來，當然就是進入一流企業上班，或是成爲著名藝人。彷彿將孩子當成是寵物或是飾物一般……。

在眞正面對「自己爲何要生」、「爲何選擇現在生」的這些問題，在考慮到自己的責任時，要想到這不只是今後人生的一大抉擇，還關係到將來育兒的態度。

婦科常見的各種症狀

到我的診所來的女性，常見的症狀有月經痛、頭痛、肩膀酸痛、身體倦怠等等。事實上，眞正被具體診斷爲「○○病」的不到二成。其它大多是稍後將爲各位介紹的「不定愁訴」、「自律神經失調症」。但是相反的，有些是自以爲是月經痛或性交痛來接受診治，或者是來看不孕的人，卻意外地發現生病了。而有些則是在定期接受子宮癌檢診，或乳癌檢診時才發現疾病的。

不要以為「只是月經痛就上婦產科，未免太小題大作了」或是「因性交痛跑去看醫生，未免太丟人了」，請放鬆心情來叩婦科的門。即使不是具體的疾病，我們還是可以幫您緩和一些痛苦的症狀。此外，若有疾病潛伏時，也能因為早期發現、早期治療而早日治好疾病。

因月經痛和性交痛而得知得了子宮內膜症

三十五歲的C女士，一直在幫忙娘家的事業。在父親突然過世後一直混亂不堪的生意，終於慢慢穩定下來，身上的重擔稍微減輕，而有「該生孩子了」的想法。於是停止避孕，過了二年卻一直沒有消息。最近，因月經痛及性交痛愈來愈嚴重而來求診。

因為是月經痛和性交痛，所以先對她進行內診的**超音波檢查**及CT**檢查**，結果是如我所料的子宮內膜症。子宮內膜症大

超音波檢查

朝身體內部發出超音波，將反彈回來的音波進行畫像處理，藉此調查臟器狀態的檢查法。

CT檢查

X光投射於人體，利用電腦測定通過量，將其畫像化的檢查法。藉此調查病變部或出血等。

多與不孕有關，不孕症的女性，有二～四成都罹患此症。

子宮內膜症，是覆蓋在子宮內側的內膜組織，因某種原因而進入子宮的肌肉中或輸卵管、卵巢中，每次月經來時，就會與子宮內膜一起在那裡不斷增殖、剝離的疾病。正常的情形是如果在子宮內腔增殖、剝離的話，剝離的組織即爲血液，經由陰道排出體外，也就是所謂的月經，排出的血液即是月經血。但是，如果在子宮的肌肉中或輸卵管、卵巢出血時，就會沒有排出口而積在該處。

這些血液的血塊破裂，就會像膠水一樣，使周圍的組織沾黏，形成血瘤，造成月經痛和性交痛的原因。而且，沾黏及血瘤，還會妨礙到排卵，阻塞卵子的通道輸卵管，形成不孕的原因。此外，也有人說內膜症是不孕症的誘因。

初期可服用荷爾蒙劑或點鼻使月經暫時停止，使內膜組織萎縮的方式來治療。但是，C小姐是已經有如巧克力般濃稠的古老血液的血塊，在卵巢形成**巧克力樣囊瘤**了。可以利

巧克力樣囊瘤

子宮內膜症發生在卵巢，每次月經時積存在卵巢的血液，形成像巧克力的塊狀物。

用開腹切除病灶的手術，但是她選擇了在肚臍附近開幾個小洞，插入**腹腔鏡**取出巧克力樣囊腫的方法。這種方法，住院期間短，對身體的負擔也比開腹手術少。現在，她已不再焦躁，正努力在孕育一個新生命。

因子宮癌而摘除子宮之後的後遺症

D小姐，二十九歲未婚的OL。「最近分泌物好像增加了」而到醫院來。事實上，在來我診所之前就曾因月經痛到別家婦產科看過病，但不曾接受過癌的檢查。可能是D小姐以爲自己還年輕，不可能得癌吧！於是我請她做了子宮癌的檢查。

很遺憾的，檢查的結果是**子宮頸癌**，而且已經惡化，一定得將子宮整個摘除才行。我介紹她到大學醫院動手術，過程非常順利。但是，身體雖恢復健康，但失去被認爲是女性象徵的子宮卻沒有了，這對她來說，是個很大的打擊。後來在寄給我的信上寫道「沒有男人願意和沒有子宮的女人交往，

腹腔鏡

一種內視鏡。切開肚臍下方進入體內，用來檢查肝臟、胰臟、膽囊、卵巢、輸卵管、子宮等疾病，也可用來動手術。

子宮頸癌

子宮入口所形成的癌症，三十~四十歲層爲顛峰期，不過年輕女性和高齡者也會出現。初期沒有明顯的症狀，持續下去會出現不正常出血，以及性交時的接觸出血。依程度的不同，分爲0期、一~四期，共五階段，0期、1a期發現的話，能夠經由手術完全治癒。

連長久交往的未婚夫也離我而去」。恐怕重回職場的C小姐，仍是繼續強打起精神工作，對周遭也是強顏歡笑吧！但是，心中所留下的痛，不是輕易可以抹滅的。

有位主婦，因子宮癌而動了子宮全摘出術。手術本身雖然很成功，但是丈夫卻對她說：「沒有子宮的妳，就好像被閹掉的貓，已經不再是女人了，我不想再跟妳在一起。」害她得了憂鬱症，在手術後的二個月後自殺了。

另外還有一位護士，在快三十歲時發現得了乳癌，雖被告知最好切除乳房，但她依然頑固的拒絕動手術，最後在三十五歲時因發病而死。

這些悲劇的發生，都是因爲「失去子宮或乳房的女人就不是女人」、「停經後不再有月經的女人不是女人」的男性心理作祟，這種錯誤的心態一定得先糾正，而女性本身也應有正確的知識才行。女性荷爾蒙是由卵巢分泌，即使拿掉子宮，卵巢依然繼續在分泌女性荷爾蒙，女性的體型及女性的「心靈」並不會失去。

此外，子宮本身並沒有性感帶，不可能因爲沒有子宮就失去性感。不管是男性或女性，都應有此正確知識。

還有，希望各位務必要定期接受癌症的檢查。過了三十歲要開始定期接受子宮頸癌、過了三十五歲就是**子宮體癌**及乳癌的檢查。早期發現才能早期治療，對身心的殘害也能減少到最低。

子宮頸癌的嗜發年齡是三十～四十歲層。目前較有說服力的說法是，因性行爲導致病毒感染。

隨著性行爲的低年齡化，美國已經出現十幾歲的患者，在國內，二十幾歲的患者罹患率也提高了。若是性經驗豐富的人，最好二十幾歲就接受檢診。

子宮體癌的原因，據說與荷爾蒙的平衡失調有很大的關係，所以懷孕、生產經驗較少的人，月經不順的人、無排卵的人、有不正常出血的人、肥胖或有糖尿病人、五十歲以上

子宮體癌

發生在子宮體部的子宮內膜，是受到女性荷爾蒙的分泌狀態影響而發生。自覺症狀包括不正常出血以及血性的分泌物。要利用吸引管或是刷子等器具，採取子宮體部的內膜細胞來檢查，需要花點時間，有時會感覺疼痛。國內女性，昔日較少，但最近有增加的傾向。

未婚的人，都應該注意。

乳癌的原因，至今仍不清楚，但隨著飲食生活的歐美化，國內近年來的發現率也增加不少。因爲是發生在乳腺的癌，所以即使有生產過，但沒有授乳經驗的人，也就是並沒有分泌母乳、使乳腺發達的人、太胖的人、五十五歲以後停經的人、以及有良性乳腺疾病經驗的人都要注意。乳癌，是可以靠觸摸而自我檢診的癌。自己檢診，因荷爾蒙的關係，乳腺收縮較易檢查，在月經開始後的第十天檢查最好。

看了以上的原因，對於每天都暴露在壓力之下，荷爾蒙容易失調的女上班族，或是獨身仍在工作上嶄露頭角的女強人，都知道不可以掉以輕心了。所以，一定要在平常的健康管理上加上定期的癌症檢診才行。

因性行為感染症引發的問題日益增加

看到「性行爲感染症」這幾個字，也許你會嚇一跳。因

B型肝炎

主要是B型肝炎病毒透過血液而感染。現在主要是經由性行爲而感染。一旦發症，身體會覺得非常倦怠。

愛滋病

後天性免疫不全症候群。HIV（人類免疫不全病毒）經由血液、精液、陰道分泌液而造成感染。無症狀的潛伏期（帶原期）爲數個月～十五年，一旦發病之後，免疫力遭到破壞，平常不容易生的病都會感染到，症狀惡化就會死亡。

爲大多數的人首先想到的就是「梅毒」（參考一一〇頁）「淋病」（參考一一一頁）等，從事性風俗產業的人易感染的疾病，也許會給人很大的震撼。但是，性行爲感染症已不再只包括以往的性病。像滴蟲性陰道炎（參考一一四頁）、念珠菌陰道炎（參考一一五頁）、性器疱疹（參考一一二頁）、**B型肝炎**、**愛滋病**等，不見得都是因性行爲而感染的。

此外，以疾病來說算是比較輕微的。例如，成爲念珠菌陰道炎原因的眞菌，會寄生在人的皮膚或粘膜上，除了會由性伴侶傳染外，在洗溫泉等時也會感染。而且，身體健康時非常溫馴的眞菌，在體調不好、抵抗力減弱時，或是長期服用抗生素時，會再度活躍起來，引起發炎。

國內的醫療制度是以保險診療爲主，所以即使生病，也可以不用擔心經濟上的問題安心受診，但是，若使用健康保險受診，則必須向健保單位提出病名，所以有些人因討厭「性行爲感染症」這個字眼，而遲遲不去接受診治。因此，

尿道炎

病原菌進入尿道引起發炎症狀。會出現頻尿、排尿痛等現象。

因發現得晚而導致病情惡化，最後連性伴侶都得一起接受治療。像乒乓球一樣的菌的糾纏，導致乒乓感染，最後變成慢性化的例子很多。所以，千萬不要因「性行爲感染症」而感到可恥，在疾病惡化之前趕快接受診治，二個人都應徹底接受治療。

在此，爲各位介紹近來迅速增加的衣原體感染症的例子。

經由診斷得知伴侶得了衣原體感染症

二十八歲的E小姐，有個交往已久的男朋友。最近，分泌物的量增多，而且腹部偶而會有疼痛感，但覺得還不致於嚴重到需要看醫生，所以就放任不管。而她的男友，也因排尿時會感到疼痛及違和感而到泌尿科接受診察，結果醫生診斷是**尿道炎**。原因是衣原體這種細菌在作祟。

照理來說，E小姐也不可能幸免於難，於是趕緊去就診，結果也同樣是罹患衣原體感染症。

像這種衣原體感染症，女性大多沒什麼自覺症狀，所以較不易發現，會在不知不覺中惡化，當到達輸卵管或骨盆時，就可能會引發**輸卵管炎**或**骨盆內感染症**。這些疾病，也是引起不孕症、子宮外孕、流產的原因，千萬不可掉以輕心。

相反的，經常子宮外孕或流產的人接受檢查，通常可能發現患有衣原體感染症。因此，和癌症檢診一樣，最好也一年做一次定期檢查。

當然，關於其他的性行爲感染症，也要盡量做到定期接受檢查，若發現有任何異常，一定要趕緊接受診治。

肥胖、減肥所引起的問題

最近，連國內也掀起一股減肥熱。不僅是胖的人在減肥，就連照標準體重判斷爲體重剛好的人，甚至屬於「略瘦範圍」的人也「想要更瘦」而力行減肥。

比日本厚生省公佈的標準體重，或是日本肥胖學會公佈

輸卵管炎

細菌或病毒進入輸卵管引起發炎症狀。會出現下腹部劇痛、發燒等現象。

骨盆內感染症

骨盆內的腹膜或輸卵管、卵巢等的發炎症狀。

的ＢＭＩ（Body Mass Index＝$\frac{體重}{身高^2}$）的標準體重少五公斤，正是美容界或雜誌等用來作爲「美容體重」的指標。像現在的高中女生的理想體型是身高一六〇公分，體重爲四五・二公斤。以這種體重爲目標，據說會引起「減肥地獄症候群」。

恐怕這些高中女生，即使到了二十幾歲，還是會引起「減肥地獄症候群」吧！現在二十幾歲的女性朋友，可能到目前都還沒有改變。像先前提到過的Ａ小姐，就是因減肥導致拒食，最後演變成「稀發月經」的最好例子。在此爲各位介紹幾個過食及肥胖的例子。

因減肥的反彈，變成反覆過食形成脫水症狀

二十六歲的營業員Ｆ小姐，是個很活潑的女性。跟她說話，發現她很有元氣，也很開朗。但總讓人覺得她的神經時時都繃得很緊，而且她也很瘦。

攝食障礙

拒食症、過食症併稱爲攝食障礙。原因是因爲心理的壓力，食量極端減少或是吃了太多，而吐出來等飲食行動的異常，持續這種現象會引起極端的體重減少、月經不順、無月經等問題。

事實上F小姐是在三年前開始減肥，一開始是盡量忍耐，少吃東西，不料卻慢慢變成「想吃、想吃」的心情，變得焦躁不安。有一次，爲一飽口慾，買了一大堆零嘴及便當，一口氣就把它吃光，吃完後又害怕「又要胖起來了」，而用手指插入口中，故意將食物全吐出來。後來就變成不斷反覆吃了又吐、吃了又吐的情形。

這樣一來，吃下的東西就不會留在體內。體重也因而慢慢減輕，但女性應有的圓潤也不見了。

像F小姐這種吃了又吐、吐了又吃，喜歡吃的東西就大量的吃，導致營養不均衡的飲食，稱爲過食症；無法進食稱爲拒食症，拒食與過食，就稱爲**攝食障礙**。這種情形，以前以青春期的少女較多見，因此也稱爲青春期消瘦症，但現在範圍已擴大到十～三十幾歲的女性。

一開始，可能都是若無其事的開始減肥，當朋友或母親對她說句「妳好像胖了點」，就非常在意，各種原因都有，但主要還是心理的問題。在職場上的壓力累積，對工作及身處的環境慾求不滿，或是看到發胖的父親或母親，心想「我才不要變成那種醜樣子呢」，或是以讓自己消瘦來表達對父母的反抗等，情況不一而定。有時也許是「想要撒撒嬌，大家要注意我」的心理作祟。以類型來說，則是以完美主義的優等生居多。

結果因爲營養失調，引起貧血、倦怠感、月經不順、無月經等現象。極端的情形是變成脫水症狀，有如氨一般的口臭，水分太少的血液也變得濃稠的狀態。當然，瘦到極端時，也可能會危及生命。但是，因爲對本人來說，都自認爲是理想的狀態，相信瘦下來的自己才漂亮而不想吃東西。拒食症的人，有很多都變得很好動，可能是將身體不能吃的這種行動，轉換成心靈上的活動吧！

像F小姐的情形，除了指導她正確的飲食之外，同時也讓她明白心理問題的癥結所在，爲了解決心理問題，而開始進行心理諮詢。雖然要花很多時間，但治療還是得有耐心的進行下去。

因極度肥胖導致荷爾蒙失調、無月經

我們已知，太瘦會因營養失調導致無月經。相反的，你知道肥胖也會導致無月經嗎？

G小姐，三十三歲。二十五歲之前，體重一直維持在四十五～五十公斤，現在則是八十五公斤。因體脂肪極度增加，荷爾蒙失調而導致月經不順，最後變成無月經。

原本就屬於易發胖的體質，所以一直都有在控制食量，但是有一次，緊綳的弦斷了，變成想吃什麼就拼命的吃。看著日漸肥胖的自己，卻一點辦法也沒有，心想「不要吃了」卻反而更焦躁，並且吃得更多。這雖然還不能說是過食症，但是有過食傾向，經常吃過多的人不也都有這種現象？與控制焦躁、壓力相比，吃東西要快樂多了。

G小姐現在已經沒有怕胖的恐懼，對任何事都很容易生

鎮定劑

抑制中樞神經或自律神經的功能，停止興奮、幻覺、妄想、不安、緊張等的藥物。鎮定劑主要分爲二種，治療精神分裂病的強力鎮定劑，以及消除神經症造成的不安，與失眠的緩和性鎮定劑。下記的例子主要是使用後者。

氣。例如，「睡不著」「不想工作」，當我對她說「妳該稍微減一下體重」，她就生氣。即使建議她去接受諮詢，她也說：「不想去。」「那到美容中心試試瘦身？」她就說：「浪費錢。」「那試試減肥用的健康食品如何？」她也說：「很難吃，我才不要呢。」所以每次都是拿安眠藥及**鎮定劑**回去。但是，從她的談話中，發現到她心理問題的癥結在於與母親的關係。

事實上G小姐到了三十三歲，仍然還是留在母親的身邊，接受母親的照顧。

這種情形不是只有G小姐有，最近，母親將孩子寵物化的趨勢增加，而孩子們也認爲與其結婚生子、另立門戶，倒不如在母親身邊生活較輕鬆。

三十多歲了仍在母親照顧下安心過活的女性，其生活力及精神力，一定比獨自生活的女性還弱。正因爲如此，在稍遇挫折時，就容易感受到比別人更大的壓力，這是我與患者接觸時所得的感想。像G小姐，今後就必須多花點時間找出解決的關鍵才行。

手脚冰冷、貧血等不定愁訴很惱人

最近在我的診所常見的問題是二十五歲到三十五歲，這個年齡層的女性，尤其是二十五歲到三十歲，這個年齡的女性，更是動不動就說「容易疲倦」。

可能是工作過度的這些上班族，在疲勞未恢復之前就又投入下一個工作，所以才會容易感到疲勞。此外，拼命的玩或許也是容易疲勞的原因。

二十五歲以後，多少也累積了一些社會地位，是不容許自己再向這個社會撒嬌的年紀，行動上也知分寸。體力也很充沛，是女性最美的年齡。對未來應該是充滿可能性，精神上也充滿活力才對。但是，爲什麼會「容易疲倦」，臉上會缺少應有的霸氣呢？眞是不可思議。

甲狀腺機能亢進症

甲狀腺分泌過多的甲狀腺荷爾蒙，出現心悸、發汗、消瘦、疲勞等症狀。

當然，容易疲倦的背景，可能是**甲狀腺機能亢進症**、B型肝炎、C型肝炎等疾病，錯誤減肥導致的貧血、月經過多，或子宮肌瘤導致的貧血，因此必須愼重診斷。但是，大多數的情形都是自律神經系統的問題。原因可能是從事不適合的工作，或過不規律的生活所致。

一味追求流行的結果，卻因貧瘠的飲食生活得手脚冰冷症

在商業公司服務的OL，二十七歲的H小姐，因「容易疲倦，身體易感到冰冷」而到我這裡來。我覺得有問診的必要，遂問她「有沒有做過妊娠反應檢查」，她說：「八百元的檢查費付不出來。」但是看她手上的錶、皮包都是名牌，身上的穿著、打扮也都走在流行的尖端。

問她仔細，才知道她爲了購買名牌商品把卡都刷爆了，貸款如滾雪球般愈滾愈大，連基本的三餐都有問題。除平時午餐在公司餐廳解決外，沒有多餘的錢可用，過得是有一餐沒一餐的生活。

因飲食匱乏導致營養失調的人，最常見的就是身體的冰冷症。即使想燃燒能量提高體溫，但基本的食物沒有進入身體內，雖無意減肥，結果卻跟減肥一樣體重節節下降，變成貧血、荷爾蒙失調導致無月經，出現各種自律神經失調症的症狀。一旦貧血，爲了彌補稀薄的血液，心臟會拼命工作。

所以，只要爬樓梯，就會立刻氣喘如牛，還有起立昏眩的毛病，很快就會感到疲倦。自律神經失調症的症狀包括肩膀酸痛、頭痛、失眠、便秘、下痢等。

以H小姐爲代表的這類女性，都想和電視劇中的女主角一樣，不論在工作或私人方面，都是精明幹練。看了這類的電視劇，就誤以爲自己也過那種生活，所以在雜誌上看到名牌商品，就立刻想要買下，看到職場的友人身上有的東西，也迫不及待的去買，想把自己打扮成劇中的主角或女強人一樣，好像只有那樣，自己才會有自信。爲了滿足慾望，拼命的刷卡，把自己逼入刷卡的地獄中。

這些人的共通點就是不敢面對現實。無法分辨劇中或雜誌那種虛構的世界，與現實上自己的生活是不同的。如果無法有正確的認識，分不清什麼是自己可以做、什麼是不能做的事，那飲食生活就無法改善，當然也就無法解除從這鴻溝所產生的壓力。

捲入人際關係的問題中

現在的女性，可以在所有的職業進出。業種形形色色，工作形態及職種也各有不同。隨之而來的是人際關係的複雜化。即使是同一職場的女性職員，也會因職位不同，而在工作的內容、責任上有所不同，就連上司或公司對她的要求，薪水及獎金、加班時間、休假時間、制服或私服、與男職員的交往方式都不見得會相同。

如此一來，當然會產生與以往的按年資晉升的制度不同的力關係、緊張關係。

此外，派遣職員、攝影家、作家等自由業的人增加了。不受公司這種組織束縛的人，乍看之下也許會覺得很輕鬆，但其實不然。在公司上班的人，即使生病請假，還是有薪水，如果萬一公司倒了，沒有工作，還是有社會保障制度捍衛我們的權益。

但是，這些所謂的自由業的人，凡事都只有自求多福，所以，不屬於組織的這種不安感一定非常強烈。

由於這種職種增加，而且不結婚一直上班的女性，或是結婚、生子後仍繼續上班的婦女增加，而產生了新的人際關係的問題。

「無目的症候群」「無生存意義症候群」的一般職ＯＬ

三十四歲的Ｉ小姐，短大畢業後即進入電氣公司上班，今年已是工作的第十五年了，是個一般職的ＯＬ。選的並不是自己喜歡的工作，而且緣份未到，至今仍是單身。年輕的女性不斷進入公司，其中不乏從事綜合職的精明幹練的女強人，但I小姐的工作卻始終一成不變，只是些雜事。只有在年齡上是屬於「老大姐」，所以也沒辦法加入年輕同事的話題。最近，對將來產生了不安感。

「如果一直做這種一般職，恐怕到老都只是做些影印或一些無聊的雜事了」，心裡這麼想，卻沒有勇氣轉換成綜合職或換工作。漸漸的，「不想去公司」的念頭愈來愈強。尤其是放假過後第一天上班，這種念頭最強烈。

早上不想起床，不想吃早餐，去到公司也不想跟人交談，出現這些症狀。

此外，不明原因的反覆出現便秘及下痢的現象，搭電車上班的途中，常因腹痛而下車找廁所。

「覺得有些不對勁」的I小姐，到我這裡來求診。我立刻診斷出她有「星期一憂鬱症」的輕微**憂鬱病**，還有過敏性腸症候群（參考一三二頁）。以她的情形來看，也可以說是「無目的症候群」、「無生存意義症候群」。這與憂鬱症及

憂鬱病

沒有任何理由而覺得情緒低落，對任何事情都只有悲觀的想法，有强烈的罪惡感，甚至企圖自殺，是心理疾病。會伴隨失眠、食欲不振、便秘等身體症狀。此外，還有因憂鬱而出現身體症狀的僞憂鬱病。

其他疾病有關連，可能會一併出現。

除了要她服用一些必要的藥物之外，也建議她去找些能感受到生存意義的興趣或運動。同時也鼓勵她在工作場所中，即使是再小的事，也要對自己說「這件事非我不行」「因爲有我在，別人才可以安心」，要對自己挑戰才行。

例如影印這件事，有的人做得好，有的人就不行。或者是自己想喝茶時，不妨順便幫周圍的人服務一下。這絕不是阿諛奉承，而是對別人的一種體貼。

空有一身絕技，卻仍遭遇挫折

J小姐畢業於一流大學，在學中即學會五種語言。服務於外商公司，擔任綜合職，現年二十八歲。充滿自信，抱著夢想進入公司，但服務的單位卻沒有機會讓她一展語言上的長才。反而是英語都不是很流利的同事，在工作上表現得精明幹練，深受客戶及上司的好評。

自認爲「我畢業於〇〇大學，懂得五種語言，卻不受別人賞識，不給我一展所學的工作」，內心充滿不滿。當別人要她影印東西時，她就覺得自尊心受損。

爲了緩和這種挫折感，她開始喝酒，現在已經是無酒不成眠的地步了。如此一來，早上起不來，身體倦怠，工作時精神無法集中，連頭痛、肩膀酸痛的毛病都出現了。在母親的陪伴下到我這裡求診。我發現她不但有酒精依賴症，還有各種失調的不定愁訴。

有學歷及資格，不見得就有工作能力。即使努力去習得語言能力或考取資格，但，這只有要塡寫履歷表時有用。一旦開始工作，與學歷及資格就無關了。

看到像J小姐這種女性，擁有高學歷或各種資格，就好像是穿著名牌服飾的女人。外表再怎麼裝扮，沒有內涵的話，在公司得不到器重。不要只執著在學歷及資格上，希望大家不要認爲這些只是爲了進好公司，而是爲了充實自己。

聽到J小姐的母親說：「這個孩子是○○大學畢業

……」，我馬上有個念頭：「既然這麼優秀，爲什麼還要母親陪？首先，她是不是得先從母女老黏在一起的這種關係畢業才行」。後來，終於可以獨自前來看病的J小姐，在治療酒精依賴症及不定愁訴的同時，也經由心理諮詢找出自己心理的問題所在，找出解決的端倪。

因與人的交流較少而得憂鬱病的自由業者

K小姐，是位二十七歲的攝影師。從事自由業已經五年，還未到能從容應付工作的階段，每天都是戰戰兢兢的工作。我原以爲攝影師是份很好的工作，因爲可以因攝影遇到各種不同的人，應該是忙碌又充實的生活。

但是一問之下，才知道她是抓時間攝影，根本沒時間與攝影的對象做心靈的溝通，工作也沒有成就感可言，非常的寂寞。甚至「知道自己愈來愈沒表情」。

K小姐有輕微的憂鬱病。像這樣的例子，在派遣職員的身上也常見。被派到一個地方可能是幾個月、幾週，好不容易熟悉周遭環境了，卻又將被派到另一個地方。反覆這種情形，最後變成到哪都很孤立，既不屬於所屬的派遣公司，也不屬於被派前往的那家公司，這種妾身未明所產生的不安定感，大多會令人感到無依無靠及不安。漸漸的就變成無表情，不擅與人交談，連工作的慾望都失去了。

此外，若是身體有何不適時，因參加國民健康保險要付很高的診療費，再加上不敢隨便休息，怕將來沒有工作上門，一方面又怕若眞的生病，無法工作，生活將無法維持等等的不安，使他們不敢上醫院。

結果一拖再拖，恐怕發現疾病都太晚了，不管是身體或心理的疾病，都很難治療了。

若是公司職員，一年可接受一次的健康檢查。若是自由業或派遣的職員，平常除了要注意健康管理及定期檢診外，還要盡早接受診察才行。

K小姐的情形，不至於要到精神科治療，或接受心理諮詢的地步，所以，我給了她能睡好覺的安眠藥及精神安定劑。雖然我是婦科醫生，但她還是願意敞開心胸與我暢談，她說感覺好多了。

凡是對心療內科或精神科有排斥的人，也可先到婦科或內科看看。不要認爲婦科只是治療月經不順或子宮肌瘤的地方，要把它當成是照顧女性身心的地方，或者是到其它科之前的入口，請多加利用。

第二章 壓力是導致身心失調的重大原因

女性的身體與荷爾蒙的功能

在大家平常的生活中，一定常聽到「荷爾蒙」這個名詞。原本是指「刺激物」「能引起活動的物質」，是刺激各種體內的臟器，使其發揮功能，或增強、減弱、使其停止功能的物質。

而**成長荷爾蒙**及**胰島素**等，則是男女皆有的荷爾蒙，與女性的身體有很大關係的，則是女性特有的荷爾蒙。其中又將掌管排卵、月經的重要荷爾蒙，特別提出來說明一下。

成長荷爾蒙

促進人體發育成長的荷爾蒙，由腦下垂體前葉分泌。

胰島素

由胰臟的胰島β細胞分泌的荷爾蒙。作用於肝臟及脂肪組織，吸收葡萄糖、氨基酸等，促進糖原的合成作用。

腦下垂體

間腦的一部分，由丘腦下部開始下垂，如小指頭般大的臟器。會分泌刺激性腺、副腎皮質荷爾蒙等（參考五十二圖）。

卵　泡

卵巢中由原始卵泡包住的卵子約有十萬～五十萬個，青春期之後，藉著性腺刺激荷爾蒙的作用，原子卵泡變成成熟卵泡而釋放出來。

荷爾蒙的中樞是在大腦的丘腦下部，這裡可以掌握到血液中微量的荷爾蒙濃度，配合這些濃度發出指令。排卵時，首先由丘腦下部的荷爾蒙中樞，對**腦下垂體**發出性腺刺激荷爾蒙，放出荷爾蒙的分泌指令，而腦下垂體則根據這項指令分泌卵泡刺激素。隨著血液到達卵巢的卵泡刺激素，能使一個**卵泡**成熟，成為成熟卵泡。

而成熟卵泡又分泌雌激素（卵泡素）到血液中，掌握雌激素的子宮，會使子宮內膜增厚，從子宮頸管分泌頸管粘液，也就是開始為受精卵在子宮內膜著床做準備。

當血液中的雌激素到達一定量時，腦下垂體會知道「雌激素已經足夠了」。這時，腦下垂體在分泌卵泡刺激素之餘，又開始分泌促黃體生成素。到達卵巢的促黃體生成素，會刺激成熟卵泡將卵子排出，這就是排卵。

另一方面，排卵之後的卵泡，黃體變化開始分泌黃體酮（黃體素）。黃體酮到達子宮之後，原已增厚的子宮內膜，變

白體

黃體結束約2週的生命而老化後，變白、變小、變硬，稱為白體。

性腺機能與女性荷爾蒙的功能

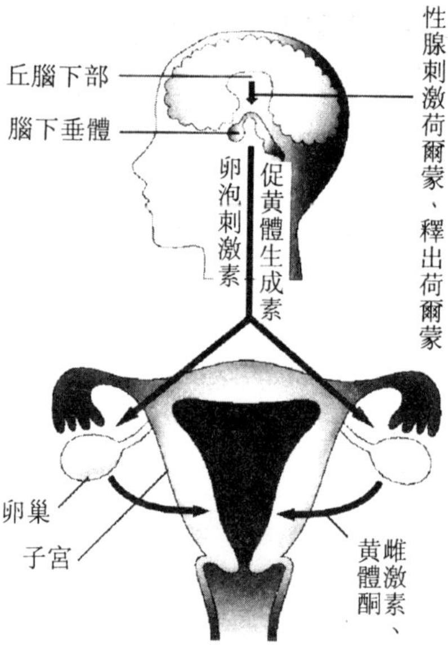

得更厚、更柔軟。當受精卵到達子宮內時，所有著床的準備皆已完成。而腦下垂體仍持續分泌促黃體生成素，持續懷孕的作用。

另一方面，若卵子和精子沒有相遇，則「黃體酮已經足夠」的訊息會傳達到腦下垂體，而腦下垂體則會下令停止促黃體生成素的分泌。於是黃體就會萎縮成為**白體**，不會再分泌黃體酮。子宮內膜也失去作用，開始剝落成為月經血而從子宮口經由陰道排出體外。

在我們不知不覺中，體內各種荷爾蒙就像這樣發揮複雜的作用，每月規律的進行排卵、月經。反之，若丘腦下部

——腦下垂體——卵巢的某處發生問題，則整個團隊工作都會受到影響，也就是荷爾蒙失調，導致排卵——月經的流程也跟著紊亂。於是就以無排卵、月經不順、無月經等問題表現出來。

但是，對身體的各個臟器發揮作用的荷爾蒙中樞丘腦下部，除女性特有的荷爾蒙外，還有自律神經中樞及接受外來壓力的中樞。在狹窄的丘腦下部中，只要有一個中樞引起混亂，則勢必影響到其他中樞。尤其荷爾蒙中樞和自律神經中樞是鄰居，所以當荷爾蒙失調時，自律神經也就跟著紊亂，若自律神經失調，則荷爾蒙的分泌也就跟著不正常，兩者有著非常密切的關係。

例如，處於荷爾蒙失調的更年期女性，雖然沒什麼疾病，但卻有頭痛、肩膀酸痛、血氣上衝、失眠、便秘及下痢等症狀出現，這就是因爲這二個中樞的關係密切所致。同樣的，雖沒什麼病，卻出現種種不快的症狀，像這些不定愁訴，也是因爲荷爾蒙失調、自律神經失調所引起的。

壓力和荷爾蒙、自律神經的關係

接著來說明荷爾蒙與壓力的關係。首先，先探討一下何謂壓力？雖然是日常生活中常用的字眼，但突然被問到時，回答得出來的人恐怕也不多。

壓力這個名詞，是一九三〇年由**漢斯・塞里耶**這名學者提出的。在我們的生活中，經常得曝露在冷、熱、濕度、光等各種刺激中，但另一方面，我們的身體中卻具備有常保身體穩定的功能，稱爲生物體恆常性，在反應外來刺激的同時，也穩定自己的身體。

例如，若氣溫突然下降，皮膚的血管就會收縮，防止熱的發散，保持一定的體溫。但是，若外來的刺激過強時，我們的身體拼命的想去適應，有時就會出現過剩反應。本來是確保安全而具備的生物體裡恆常功能，對於過強的刺激，也

漢斯・塞里耶

一九〇七年出生於加拿大的醫師。他發現身體加諸異常刺激時，會經由間腦→腦下垂體→分泌荷爾蒙→副腎皮質→分泌副腎皮質荷爾蒙→全身器官的經路，而產生處理問題的反應，這些異常刺激稱爲壓力原。

會引起過剩反應，使體調紊亂。

像這樣，想去適應而出現的反應狀態即稱為壓力，太強的刺激則稱為壓力原。但是，一般都將刺激本身稱為壓力，也有人將刺激與反應合起來稱為壓力。而壓力，除冷、熱等外來的外在壓力之外，還有由心而生的內在壓力。

人的內心，有喜、怒、哀、樂等各種情緒。這些情緒的變化，就會形成壓力。期待及喜悅，是一種好的壓力，能使身體充滿幹勁、臉頰泛紅，目光炯炯有神。反之，不安、悲傷、生氣等就會形成不好的壓力，會使食慾減退，心悸增強，肌膚失去光澤。

如果反覆承受太強的外在壓力或內在壓力，則生物體恆常功能不只會因工作過度而引起紊亂，連自律神經及荷爾蒙的中樞都會受到影響，而引起過剩反應。結果就是以頭痛、肩膀酸痛、失眠、便秘、下痢等整個身體的不適，女性的話則會以月經不順、月經痛、月經前緊張痛症等方式出現。

塞里耶將這種全身反應分爲第Ⅰ的「警告反應期」、第Ⅱ期的「抵抗期」及第Ⅲ期的「疲弊期」。他並且警告說，到了「疲弊期」時，就會產生高血壓、糖尿病、胃潰瘍等各種疾病。現在的話，不僅會出現身體的這些疾病，連心理的疾病都可能是壓力所造的。

那麼，女上班族到底承受了哪些壓力呢？

外在的壓力，包括夏天過強的冷氣，以及必須一直坐在椅子上，長時間必須盯著ＯＡ機器的螢幕等，依職種及職場的不同，會有很多壓力。而內在的壓力，則包括不可出錯所產生的不安，與同事處不好所產生的焦躁，對工作內容的不滿；個人方面則可能是和家人爭吵、失戀……，眞是說也說不完。

壓力是每個人都會有的。即使因壓力令你無法忍受而辭去工作，但只要是活著的一天，新的壓力仍會接踵而至。因此，不要光想要逃避壓力，而是要找出一個適合自己的解決法。不過，壓力都是在無意識狀況下承受的，所以要找到一個對應方式實在是很難。

要找到適合自己的壓力處理法，首先要看看自己是否對壓力會出現過敏反應的體質。例如，在季節交替時，體調就變差的人，就可能是屬於過敏體質。若眞是如此，就要注意溫度和溫度的變化，先準備好可以保暖的衣服，或是調整房間的溫度。此外，若是感到人際關係，會成爲強大的內在壓力的人，不妨在跟人交往時保持距離，也許可以避免一些無謂的衝突。若能找出壓力之源，在能力範圍內應盡量找出減輕壓力的方法。

第二就是進行壓力的轉換。若感到壓力太大時，不要拼命去硬撐，不妨先退一步看看。如減少工作量，下班後去唱卡拉ＯＫ，或是拿休假去旅行。找出能使自己心情好或放鬆的事情做。

第三是鍛鍊強壯的身心以對抗壓力。例如，雖不必像孩子一樣用乾布來摩擦，但是鍛鍊皮膚，也是增強對抗寒冷這種外在壓力的方法之一。此外，可利用自律訓練法等，鍛鍊無法由自己的意志控制的自律神經，創造強健的身心以對抗壓力。

脆弱的五感與壓力

聽說最近食不知味的年輕味覺障礙者增加了。原因可能是年輕人流行吃辣，在飽嚐極辛辣的食物之後，反而食不知味了。國人原是擁有微妙味覺的民族，例如，懂得分別使用柴魚高湯和昆布高湯的味道，能充分運用舌和鼻的功能，享受柚子的香味。

但是，最近的年輕人，總愛淋上大量的調味醬、番茄醬、美乃滋等調味料，使得食物都失去原有的風味。

此外，看電影時，也捨棄溫柔、浪漫的愛情片而選擇刺激的動作片，連音樂都喜歡聽大聲、節奏強的樂曲。

我一直在想，是不是因爲這些因素，使得年輕人的**五感**變弱、貧乏呢？也就是用眼睛看、用耳朵聽、用鼻子聞、用舌頭嚐、用皮膚觸摸等各種感覺都在減弱。由五感感受到的各種刺激，會傳達到丘腦下部，因此，若五感減弱，那表示丘腦下部的認知力也減弱了。

丘腦下部同時也是認知情緒、感情的場所。例如，可以認知喜、怒、哀、樂、寂寞、快感、不快感等情感，並使整個身體產生反應。此外，丘腦下部也可以感受到食慾或性慾，想和誰在一起的「集團慾」等慾望。

但是，最近的年輕人，因五感衰退，認知五感的丘腦下部也衰退，以至於缺乏這些情緒、感情，連食慾及性慾都受到影響而有衰退的傾向。例如吃飯，因無法用舌、眼、鼻等來品嚐，只要胃裝滿了就好了。他們的飲食，可能是只吃營養食品，或是邊看電視邊吃速食品或泡麵。做愛時也是一樣，女性只是躺在那邊，而男性只知射精。完全不運用五感

五感 人類感受外界刺激的視覺、聽覺、嗅覺、味覺、觸覺五種感覺。

來做溝通，當然無法增加情愛。

此外，喜怒哀樂也不太能表現於外，不會放聲大哭，不會高興的大笑。雖然追求辛辣的口感及刺激的電影，但是相反的，在觸及自己內心時，卻儘可能的想逃避刺激。雖然可以輕易和人上床，但是卻害怕心靈交合的戀愛太傷人，而不敢用眞心和對方交往。交友時，也怕吵架而不能成爲眞正的朋友，大多採保持距離的態度。所希望的是儘可能無風無浪，沒有刺激、淡淡的人際關係。

因爲不太使用五感，既無情緒也無慾望，所以無法鍛鍊丘腦下部。丘腦下部因爲貧弱，無法敏感的對五感、情緒及慾望有認知，無法用整個身體來反應。

是否因爲這種惡性循環，才導致生物體恆常功能減弱的呢？這是我一直思考的問題。因此，即使只是小小的壓力，也會使丘腦下部紊亂，導致自律神經或荷爾蒙失調，而馬上出現症狀。這樣的惡性循環，會導致自律神經失調症或不定愁訴，甚至心理問題出現。

針對這些人，我的建議是「多使用五感來生活。盡量把自己的情感表現出來」。雖然是繞遠路的方法，但是，只要把丘腦下部鍛鍊好，一定可以創造強健的身心來抵抗壓力。

例如，一週只要一次也無妨，運用五感來品嚐飲食。不是只把胃裝滿就好，而是要用舌頭去享受微妙的味道，用眼睛去欣賞食物的美，用鼻子去聞食物的香味，在吃麵的同時，耳朵及嘴唇也能享受到吃麵的樂趣，手也能觸摸到食器的質感。另外，關掉電視機及收音機，豎耳傾聽外面的風聲及鳥鳴；不必去買奢侈的花束，隨便摘朵野花來裝飾；自己看電視雖然也不錯，但找些朋友，大家一起快快樂樂的談笑更好。

最近會感到頭痛、肩膀酸痛、失眠，或出現焦躁等不快症狀的人，或是無法表現情感面無表情的人，無法與人自然交談的人，或者是缺乏食慾的人，不妨從這個方法開始改變

乾眼症

面對著電腦螢幕等OA機器，長時間作業時會產生的症狀。淚量減少、眼睛乾澀，感覺疼痛、疲勞。也稱爲乾眼。

自己。

因電腦及OA機器導致科技壓力增加

這幾年來，職場的OA化急速推展，使得電腦終端機不再僅限於專門職，連一般事務的職場也遭到滲透。另外，家庭中也因電腦遊戲及個人電腦的普及，而掀起了電腦通信、上網的旋風。不管在職場或家裡，有不少人是長時間都盯著電腦螢幕看。

因這些OA機器所產生的壓力稱爲科技壓力，它成爲一種的壓力問題。科技壓力中較常見的是VDT症候群。VDT是指電腦或文字處理機的輸出畫面。映在VDT上的文字及圖形，因爲會閃爍，長時間盯著看的結果，眼睛會非常疲勞，罹患**乾眼症**。

此外，爲了操作鍵盤，手和手指都在一定的範圍內重複做同樣的動作，因此容易引起手臂、肩膀、頸部的酸痛。長期累積下來，這些肉體上的疲勞就會加重，變成精神上的壓力顯現出來。壓力增強時，有時會變成憂鬱狀態或是得到電腦拒絕症。

但是，這些由肉體的壓力轉變成的精神壓力，還不是很嚴重，目前最嚴重的是，科技依賴症的問題。

由於過度依賴電腦，認爲電腦是唯一可以解救自己的朋友，所以無法和活生生的人類進行溝通。這和拒食症的數據人有共通之處。兩者都不喜歡與思想複雜的人交往，喜歡按個按鍵就能產生反應的機械，因爲這樣比較簡單、輕鬆，不喜歡與人面對面交談，只喜歡享受畫面上的通信之樂，這也是一種心理的問題。

我對這些有科技壓力的人，想說的就是「儘量使用五感與人相往吧」。大家見見面，聽聽對方的聲音。只要覺得有點不高興，就微笑一下讓不愉快煙消雲散吧。有時候甚至打一場架也不錯。請你們儘量想一想，人與人藉著身心交流而產生的快樂。

新的「太在意」壓力

討厭難聞的氣味或分泌物的味道

早晨洗頭掀起旋風之後，年輕人的清潔志向成爲話題。這旋風似乎已經結束了，但並不是完全消失，年輕女性的清潔志向、潔癖症似乎已經昇華了，變得太在意，自己讓自己承受了很多壓力。

她們認爲來自人類身體的東西、排泄的東西都很髒。例如雜毛、毛太長、汗、分泌物、體臭、口臭、放屁、噯氣等等。因此到美容沙龍去脫毛，或者使用衛生棉墊、制汗噴霧劑，各種的抗菌商品陸續被開發出來，深受消費者的喜愛。

但是，這些分泌物對身體而言是必要的，因此才會排出。例如，藉著排汗就能調節體溫、藉著排出老廢物才能保持身體的正常。

齒槽膿漏

支撐牙齒的組織齒肉、齒根膜、齒槽骨等產生慢性發炎症狀。齒肉會出血、流膿，出現牙齒鬆動等現象，放任不管牙齒會自然掉落。

即使是正常量的分泌物，也有女性會擔心是不是疾病。分泌物是爲了避免細菌或異物等有害物質，由陰道上溯子宮而流出的生理物質。

此外，身體抵抗力減弱時或性交之後分泌物也會增加，這是一種防禦反應，排卵前粘性會增加，月經前氣味較強，會配合荷爾蒙的週期而產生變化，是非常好的東西。

就好像年輕人愛流汗一樣，女性在二十～四十五歲成熟期時分泌物較多，這是理所當然的事情。不要逃避它，要意識到月經週期並仔細觀察，當成是一種健康的指標。

關於口臭，有的人實際上並沒有口臭卻感到擔心，甚至沒有辦法與人說話，得了一種自臭症。如果感到擔心，可以使用檢查口臭的商品，確認一下自己的擔心是否必要。如果擔心是由**齒槽膿漏**等所造成的，那麼可以到口腔外科檢查。知道沒有問題就可以安心了。

在意腋下或腳有氣味的人，可以請家人或親密的朋友提出一些客觀的意見。通常都是自己很在意，別人卻不在意，如果還是感到很在意，可以使用市售的制汗噴霧劑。

此外，我建議將棉花浸泡在用蒸餾水，或自來水稀釋的酒精稀釋液中（酒精的量爲1/3～1/2），隨身攜帶這個棉花，公司午休時可以脫下褲襪，用棉花擦拭趾縫，能消毒、消臭且具有清涼感。腋下也可以使用。

酒精是注射時用來消毒用的物品，藥局就可以買到。護士會告訴妳它的方便性以及隨身攜帶的好處。

太在乎胸部或性器的形狀

很多女性會在意胸部的大小，這是古今都不變的，不過，有些女性也開始在意乳房的形狀、乳暈的顏色和大小、乳頭的顏色和形狀。此外，也有女性很在意肚臍的形狀、陰毛的形狀和深淺等。可能是露肚臍的服裝和裸體照片流行所造成的。

那麼爲什麼這樣在意呢？可能是與電視、雜誌上的模特兒比較，而自己覺得「有點奇怪，是不是自己和別人不一樣呢？」模特兒因為職業上的原因必須要脫毛，平時就要調整體型。形狀美很漂亮的人才會被選出來當模特兒，藉著一些化妝、修飾的技術使其變得更美，拍攝起來才能夠光鮮亮麗。這只是一種演出的美，到底何種正確?何種異常?由自己來判斷吧。

關於性器，有的人會擔心「小陰唇左右大小不同」「似乎太大了」「發黑是不是異常呢」，有些人因為這些問題而到我的診所來。

就像人的臉左右不同，且每個人都有不同的臉一樣，性器的形狀也因人而異，左右、形狀不同。

青春期會開始發黑，這是荷爾蒙功能造成的，並非異常。但無論我再如何說明，還是有人不了解。

我們認為「這沒什麼大不了」，但她們卻覺得異常而感到擔心。

害怕伴侶說自己的性器「是不是很怪呢」，而沒有辦法進行性行爲，有的女性甚至因此害怕與男性交往。如此一來，不論是工作或待在家裡，全都被這種煩惱占據，就算是戀愛，恐怕也無法再踏出下一步。

這些女性追求的就是美容整形。事實上，整形乳頭、肚臍、小陰唇的人也增加了。

關於美容整形，有贊否兩種不同的理論。如身體的煩惱或自卑感太強烈，人變得消極沒有辦法談戀愛、展露笑容，也許可以接受美容整形。如果因爲這樣而變得有自信、能夠戀愛、能夠積極行動，那麼美容整形的確也不錯。

但美容整形動手術前通常會感到很煩惱，一旦動過手術就不會感到害怕了。

不光是美容整形，人類一旦達到慾望就會「下一次我要這個，再下一次要那個」，無法停止。既然知道能夠用錢買到「美」，就會想要努力去購買這種「美」。

經過一次美容整形而讓別人稱讚妳「變漂亮了」，擁有自信之後，就要藉著豐富自己的心靈努力使自己變得更美。

壓力也會對心情造成影響

無性生活伴侶不斷增加

女性一旦承受強烈壓力而營養失調時，體內最初會產生問題的就是卵巢。卵巢機能減退，就會引起月經不順或無月經。

這是爲什麼呢？例如處於飢餓狀態時，身體首先傾注熱量想要保護的功能，就是呼吸或血液的循環，以及攝取營養的臟器。以維持生命活動的臟器爲優先考量，與生殖有關的臟器則稍後再說。卵巢與腦、心臟、腎臟、肺、胃相比，是與生命活動最無關的臟器。

同樣的，在人類生存必要的慾望當中，最容易引起問題的，就是與生殖有關的慾望。像吃東西、睡眠等行爲，是維持生存絕對必要的行爲。但是不做愛，不會生病，也不會導致死亡，最初失去的慾望就是性慾。

反過來說，藉著調查失去的慾望，就可以知道身心受損害的程度。第一階段就是性慾。接下來的階段就是與他人溝通不順暢，失去「團體慾」，喜歡一個人獨處。可能會沈浸在電腦或拒食症的生活當中，繼續下去就會變成憂鬱狀態。同時變得不想吃東西，不想睡覺。

近年來，無性生活的伴侶增加了，在我的診所也有很多這樣的人出現。這是在過重勞動以及壓力社會下，缺乏五感和情緒所造成的。

夫妻或伴侶之間沒有性生活，但，如果有與性愛相關的交流、溝通，展露笑容生活，兩個人都覺得滿意就沒有問題了。其中有一個人感覺不滿，關係產生齟齬的話，就會造成問題。的確，無性愛本身對健康沒什麼不好。

相愛的兩個人一起生活卻不會因爲無性愛而感覺不滿，

這似乎不太可能，應該會感覺有點寂寞，這才是比較正常的感覺。進行性行爲能夠產生更濃密的溝通交流，能夠發現自己和伴侶更多不同的一面，而且可以充分使用五感享受快感，不只是自己，也希望能夠讓對方感到舒服，這些體貼和努力都很重要。

語言先行的樣版性行爲

經常在雜誌等的性愛專欄中看到「感覺不到高潮是不是異常呢」「我是不是得了冷感症呢」等等的問題。不僅是二十、三十歲人看的雜誌，最近，甚至高中生、國中生看的雜誌也出現這些問題。

她們爲什麼提出這種問題呢？其背景就是大人們（尤其是男性）製作的雜誌和錄影帶，充斥著興趣本位的性資訊。因此，這些女性自己就產生一種樣版性愛觀念，也就是用「有沒有高潮」來定義性行爲。語言先行，行動感覺或情緒等則在其次。

結婚之後到了四十、五十歲時，還是有很多女性沒有出現明顯高潮。所謂高潮，就是二人的愛情、性行爲同時進行時才會提高，等到事後才發現「咦，好像是達到了高潮」。眞正喜歡對方就能達到心靈的高潮，接著才能達到身體的高潮。所以，不要因爲語言或樣版性行爲而感到煩惱，首先要認眞的談戀愛，使用自己的感覺和情緒來做愛。

想生病症候群、疾病疼痛症候群

這是我自己造的詞，因爲最近出現很多這一類症候群的女性。

身體某處稍微感覺疼痛時，就想「啊，是不是得了癌症，會不會死掉」，一直往不好的方向想，產生不斷哭泣的憂鬱狀態。如果經常說：「好痛啊，好痛啊！」周圍的人就會關心的問「怎麼回事？」「有沒有吃藥啊？」尤其是必須依賴他人生存、無法靠自己的力量開闢人生的女性，更容易出現這種現象。

事實上，這個例子就是我的母親，她因為更年期障礙而出現這種狀態，凡事產生消極的想法，甚至失去生命的意義，這一類的人有很多不定愁訴。

其次就是希望別人說他得了「○○病」的人。雖然看起來沒有生病，可是認為「是醫師和醫院的設備不好」，把責任轉嫁給他人。

事實上，來到診所訴說這種症狀的人當中，眞正經由檢查發現到疾病的人不到二成。

告訴他沒有生病，他應該感到安心，但是有的人卻說：「你是說我在裝病嗎？不管在哪兒，大家都不了解我的痛苦。」展現這種攻擊的態度。

這些人不喜歡不定愁訴這一類曖昧的字眼，而希望醫師能告訴他清楚的病名。這種人會輾轉換好幾個醫師，每一次都會將責任轉嫁給他人，形成不信任醫療的傾向。

第一階段

得到沈重感

※各自反覆做2～3次

①右手非常的沈重，非常的沈重。

②右手與左手非常的沈重，非常的沈重。

③雙手與右腳非常的沈重，非常的沈重。

④雙手與雙腳非常的沈重，非常的沈重。

⑤情緒穩定，非常的穩定——

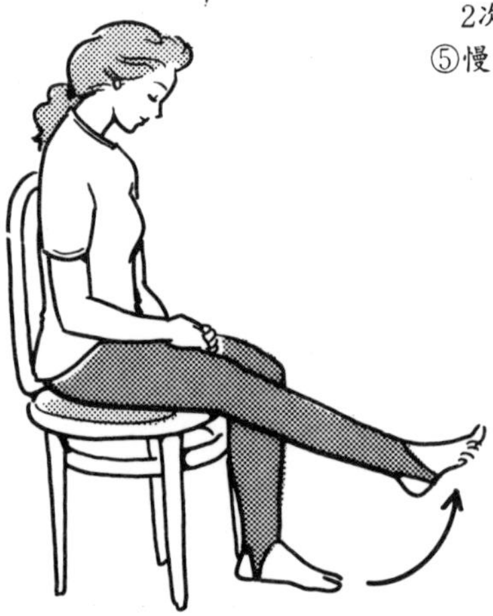

第二階段

得到溫暖感

※反覆做2～3次

①右手沈重、溫暖，溫暖。

②右手與左手沈重、溫暖，溫暖，非常溫暖。

③雙手與右腳沈重、溫暖，溫暖。

④雙手與雙腳沈重、溫暖，溫暖，非常溫暖。

⑤情緒穩定，非常穩定——

取消動作

遵守順序

①拇指放在中間，雙手用力握拳。

②手拉到胸部，做3～4次屈伸動作。

③單腳緩慢做3～4次的屈伸動作，不要反彈。

④用力伸懶腰，同時做1～2次深呼吸。

⑤慢慢張開眼睛。

自己可以進行的自律訓練法

鍛鍊自律神經，使得交感神經與副交感神經經常保持平衡，鍛鍊強健的身心，抵抗壓力。

自律神經可以經由訓練而鍛鍊出來，訓練法並不困難。自律訓練法是一種暗示療法，自古就流傳下來，事實上，的確使很多自律神經失調症，或身心症的患者逐漸痊癒。

自律訓練法的作法

①一天3次(早、中、晚)，花5～10分鐘，每天訓練。
②穿著輕鬆的服裝，坐在椅子上，或仰躺進行。
③訓練後不要忘記做取消動作。

如果不做，肌肉仍然維持放鬆的狀態。晚上這一次，可以直接躺著做，睡著了也無妨。

準備階段

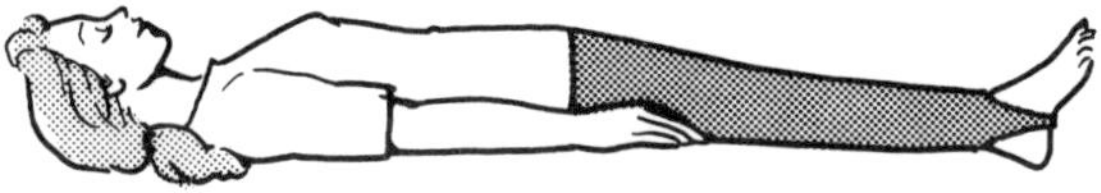

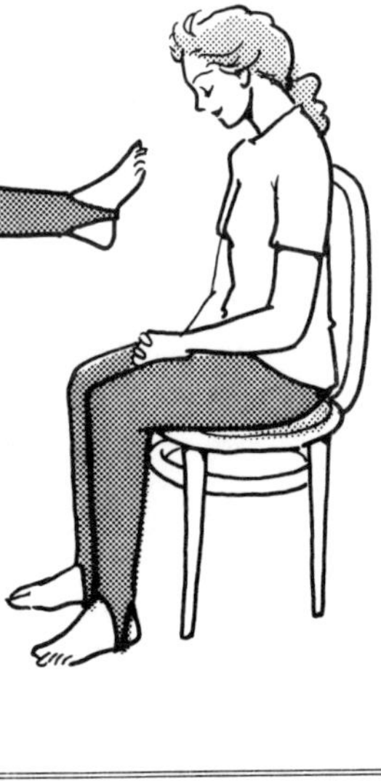

- 放鬆全身的力量，輕輕閉上眼睛。
  用腹部慢慢的吸氣、慢慢的吐氣。
- 對自己說「心情非常的平靜」，反覆唸三次。

- 如果是坐在椅子上，則深坐在椅子上，雙腳稍微張開。手輕輕置於膝上。

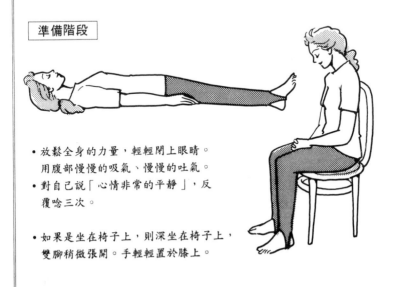

第三章 處理擔心的症狀

不定愁訴會表現疼痛或不快感等自覺症狀，是因爲自律神經混亂而造成的。並不算是一種疾病，即使檢查也沒有他覺症狀。但不算是健康，我將其稱爲「半健康人」。特徵則是沒有固定的某種症狀，會出現複數的症狀，而且症狀不斷改變。

沒有原因疾病，因此治療方面只能夠開藥物，緩和不快症狀。包括鎮定、放鬆精神的鎮定劑，能夠使失眠的人熟睡的安眠藥等。但有時會個別開頭痛藥、便秘藥等的處方，不過都是對症療法。我注意到可以使用漢方藥改善體質。關於

不定愁訴

肩膀酸痛、腰痛、手腳冰冷症、疲勞、身體倦怠等體調不好的現象。並非疾病，而是自律神經平衡失調所產生的現象。昔日經常用來當成說明更年期症狀的字眼，不過近年來不只限定於更年期，而廣泛的使用在各範圍。

各種症狀的處理法，請參考以下的敘述。

首先，藉著鍛鍊自律神經，使得交感神經與副交感神經保持平衡、改善症狀。

方法就是前面敘述的「自律訓練法」，使用類似放鬆訓練器的東西，同時熟悉放鬆的方法。心療內科與運動選手也經常使用這種方法。例如，導入自律訓練法的腹式呼吸，隨時都可以進行。

趁著工作的空檔或午休的時間進行也無妨。同時要想像一些「放鬆」，或者是「沒問題」等等容易達到放鬆狀態的字眼，或者唸一些適合自己的咒語也不錯。

此外，也可以到美容沙龍去，或者試試**芳香療法**等，要發現自己喜歡的放鬆法。

手腳冰冷症

手腳冰冷症和肩膀酸痛都是不定愁訴中最多的症狀。大

芳香療法

藉著聞一些芳香的氣味進行治療的芳香療法。以藥草和香料刺激神經系統、呼吸器官系統、循環器宮系統等產生心理效果。近年來用以消除壓力、去除睡意、强化集中力等。

多會隨著貧血、肥胖、無月經等各種女性疾病或症狀而出現。會感覺手腳冰冷是因爲末梢血液淤滯、血液循環不良所造成的。心臟或腦等接近身體中央的臟器，最重要的功能是維持生命，因此稍微產生一些淤滯時就會出現「疼痛」等自覺症狀。

而末端的手腳就算稍微產生一些淤滯也不會危及生命，因此，自律神經系統的混亂是從末端的冰冷開始，也就是從不會危及生命的部位依序開始出現。

此外，對於上班族而言，夏天辦公室的冷氣會加速冰冷症狀。女性與男性相比脂肪較多，但是脂肪在會產生熱的狀態下溫度降低，熱傳導不良，一旦冰冷之後，要花較長的時間重新溫熱。也就是女性比男性更容易感覺手腳冰冷，要花較長的時間調節溫度。

再加上夏天會配合男性穿西裝、打領帶的穿著而設定冷氣的溫度，對於穿著短袖衣服和短裙的女性而言，當然容易冰冷。考慮冷氣出氣口的方向，不要讓身體直接吹到冷氣，如果風是從右側吹來的，可以在這個方向使用圍巾或披肩，要多花點工夫。

通勤途中容易流汗，就這樣進入辦公室工作，不再流汗身體突然冷卻，所以最好在衣櫃裡面放一些替換的衣服，或者是褲襪、鞋子等。

此外，多穿幾件內衣褲也是防止冰冷的方法，但是過度捋緊身體反而會阻礙血液循環，必須要多注意。

關於食物方面，以前據說吃使身體溫熱的根菜類比較好。最近據說攝取新鮮蔬菜比較好，因爲白蘿蔔或牛蒡等使身體溫熱的蔬菜，非當令時節攝取的話，其營養價和熱量都不同。相反的，水果和水分較多的蔬菜，雖然會使身體冷卻，但可以花點工夫，例如，小黃瓜不要生吃，可以炒來吃，或者是淋一些醬，加熱吃也不錯。

現在的飲食生活，不光是國產品，也有很多進口食品，一整年都可買到各種蔬菜和水果，已經完全失去了四季的感覺。需要注意的是，春季蔬菜、秋季蔬菜等當令季節的蔬菜非常好，最好品嚐當令季節的蔬菜。

喝了冷飲身體不會立刻冷卻。但是睡前攝取水分或水分較多的水果，不只是容易冷卻，而且會成爲浮腫的原因，要多注意。

漢方療法會配合患者的體質給予處方，一般是使用**溫經湯**、**當歸芍藥散**、**四物湯**等。

便秘

有便秘煩惱的女性非常多。自律神經的問題，就是腸、大腸等消化器官系統的交感神經減弱時腸胃蠕動遲鈍，這時就會導致便秘。

此外，有人會因爲月經前荷爾蒙的關係而有便秘的傾向，但月經開始之後又出現下痢的傾向。

溫經湯

除了手腳冰冷症之外，也可以用來治療月經不順、失眠、溼疹等的漢方藥。適合比較沒有體力的人。有些甘草長期使用之後會有副作用，因此，最好先和醫師商量再使用。

當歸芍藥散

除了手腳冰冷症之外，也可以用來治療月經不順、月經痛、不孕症、低血壓症、貧血、肩膀酸痛、痔瘡、凍傷、面皰、肌膚乾燥、動脈硬化症等。適合比較沒有體力的人，胃腸較弱人要和醫師商量才可使用。

四物湯

除了手腳冰冷症之外，也可以用來治療月經不順、口內炎、肌膚乾燥、斑點等的漢方藥。適合皮膚色澤不良或較乾燥的人，不過胃腸較弱的人使用前先和醫師商量。

最多的是三天排便一次或四天排便一次，這種情形反覆出現就會形成習慣性便秘。即使每天排便，仍有糞便殘留的殘便感、覺得不清爽，這就是便秘。相反的，即使不是每天定期排便，可是能夠清爽的排便、糞便具有適當的柔軟度，就不是便秘。

引起習慣性便秘的原因，最多是飲食生活的問題。例如因為減肥而缺乏水分、纖維質容易導致便秘。此外，光是攝取纖維較多的蔬菜，也有人無法排出糞便來。糞便是由原有的內容物再加上難以消化的纖維質和水分製造出來的，如果原來就攝取到的營養素，只靠纖維質也無法排便。因此，還是必須適量攝取均衡的飲食。

日常生活中必須要注意的，就是養成排便的習慣。早上胃內空無一物時可以喝涼水等，將強力的反射傳達到結腸，就容易產生便意。

這是最自然的方法，不過在上午忙碌的時刻，可能沒時間好好的上廁所。在職場又沒有辦法舒舒服服的上廁所，就容易出現便秘的現象。

如果早上很難取得較多的時間，那麼可以利用午休或是晚上，最能夠使自己平靜下來的時間養成上廁所的習慣。此外，鍛鍊腹肌對於排便也非常有效。就算短時間也好，養成每天做鍛鍊腹肌體操的習慣，非常有效。

經常胡亂使用便秘藥，會使得直腸原本的神經反射遲鈍，反而會使便秘惡化。養成習慣的人一定要改善飲食生活，慢慢減少便秘藥的使用量，最好能自然排便。

痔瘡

事實上，很多女性患有痔瘡的毛病。原因就是習慣性便秘、懷孕、站著工作等等，而便秘的根頹包括減肥，或是不規律的飲食生活、壓力等。

飲酒、刺激性較強的食物會使痔瘡惡化，有工作的女性也處於一個容易得痔瘡的環境。

痔瘡包括**痔核**（疣痔）、**裂肛**（裂痔）、**痔瘻**等。痔瘻大多需要動手術，是非常麻煩的疾病，不過女性並不多見。

痔核的根源是因爲肛門部的靜脈淤血。因爲必須要用力排便，或是相反的反覆下痢，都會對肛門造成強烈刺激，就會出現淤血。初期沒什麼症狀。外痔核或是排便後，內痔核突出到肛門外會感覺疼痛，但回到肛門內疼痛就會緩和。

發生這種症狀時內痔核無法恢復原狀，容易引起發炎而感覺非常疼痛。

裂肛則是因爲硬的糞便損傷了直腸，而形成皸裂或小潰瘍。排便時產生劇痛或出血現象。

但是女性認爲接受肛門科診察是一種屈辱，即使有痔瘡還是不願意去肛門科，因此有很多女性痔瘡惡化。此外，也有不少人服用市售藥，暫時忘記了發炎症狀的痛苦，飲食生活卻又繼續混亂，反覆出現痔瘡。一次的出血量很少，但是

痔核
稱爲疣痔的一種痔瘡。因爲便秘或反覆的硬便而引起淤血，肛門靜脈腫脹或鬆弛而產生的疣。形成在肛門內部稱內痔核，形成在肛門外稱外痔核。

裂肛
也稱爲裂痔的一種痔瘡。因爲硬便而使直腸受損，造成皸裂或是小潰瘍。

痔瘻
因爲大腸菌等細菌感染而引起的痔瘡。女性發生率較低，會伴隨肛門痛和發燒的現象，症狀持續下去必須動手術。

每天持續的話，不知不覺中就可能變成貧血。

去婦科就診。痔瘡要儘早治療，如果實在不願意去肛門科，那麼可以

可以用藥物治療，有些婦科醫師也可以動痔瘡手術。但是一定要請醫師診斷才行。

要配合發炎症狀、疼痛、貧血等的狀態，來判斷只要使用藥物，或採取不造成便秘的飲食生活，還是需要動手術。

腰痛

腰痛是因爲對於背骨和腰椎造成負擔，姿勢不良，使得腹肌和背肌平衡瓦解，腰的肌肉萎縮而造成的。

反過來說，保持正確的姿勢就能預防腰痛。但是，胃、十二指腸潰瘍、子宮、卵巢等發炎症狀，黏連的內臟疾病，或是女性特有的荷爾蒙平衡失調等，也可能會引起腰痛。覺得懷疑的話就要接受診察。

長時間持續坐辦公桌的人，腰痛是大敵。因爲坐著的姿勢比站立或走路，對於腰椎造成的負擔更大。

儘可能減少負擔的作法就是挺直背肌，輕輕往前傾，整個腳底貼於地面。椅子低一點比較好，如果無法調整高度，可以在桌子下面放個台子，將腳擺在上面。而且不要長時間保持同樣的姿勢，有時要活動身體，利用休息時間做一些輕鬆的體操。

此外，平常站立的姿勢也很重要。以前有很多人駝背，但是，最近的年輕女性卻是相反，有很多人會挺直腰。仰躺在診察台上時，腰甚至都抬起來，腹部突出。這樣的姿勢當然會造成腰痛。妳應該沒問題吧？

要矯正姿勢，背首先要貼著牆壁，接著是腰和臀部，整個貼著牆壁站立。腰經常後仰的人挺直腰貼於牆壁時，背肌、腹肌就能平衡的伸展，甚至連臀部的肌肉都能緊縮。站在鏡子前面練習這個姿勢。

不光是保持這個姿勢，平常就是鍛鍊腹肌和背肌，如此就能減輕腰痛。

按照插圖的方法做強化腹肌、背肌、側腹肌預防腰痛的體操。爲避免造成反彈，一定要慢慢的進行。

⑨曬衣服時要調節竹竿的高度，避免伸腰或者是彎腰。

⑩鞋跟高度爲3cm 左右，避免穿高跟鞋。

⑪儘可能不要拿重物。

⑫抬東西時要先蹲下來

防止腰痛的日常生活注意事項

①深坐在椅子上。

②站立作業時挪開一隻腳，或者是把一隻腳放在台子上。

③流理台、調理台的高度要配合身高。太高的話就要墊台子。

④避免中腰的姿勢。調節作業台的高度，避免彎腰。

⑤腳擺在椅子上躺下來，不要增加背骨的負擔，儘量放鬆。

⑥膝蓋直立躺下比較輕鬆。

⑦使用較硬的寢具。

⑧避免抱小孩。

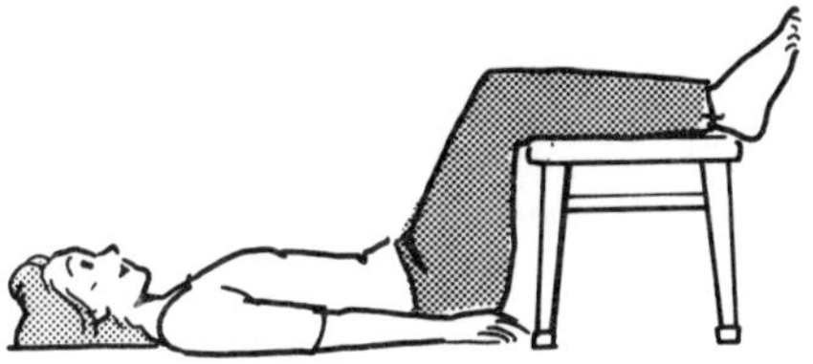

腰痛體操

急性期腰痛一定要靜躺，而體操療法則對慢性腰痛很有效。可以組合這些體操，一天進行二十分鐘。

①左右腳輕輕張開。一邊吐氣，同時慢慢的往前彎腰。

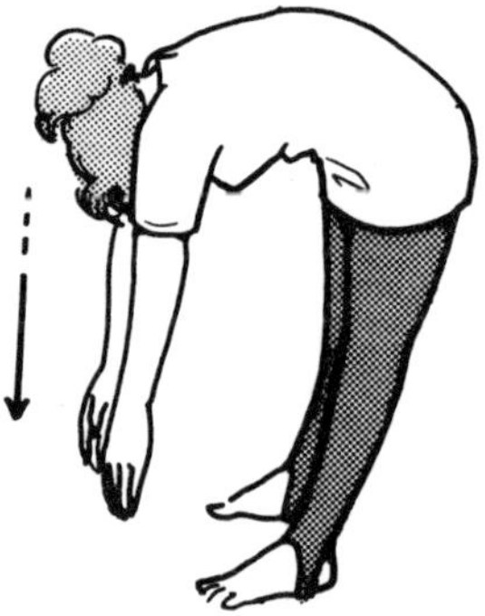

②同樣的，慢慢的將腰往後仰。

③膝蓋直立仰躺。手臂在胸上交疊，頭抬起到可以看到肚臍下方的位置。

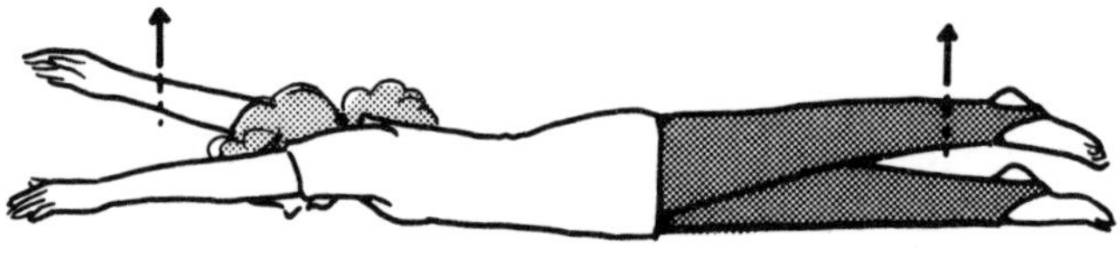

④手腳伸直趴在地上，抬起相反側的手腳。左右反覆做同樣的動作。

肩膀酸痛

最近ＯＬ之間流行短時間的按摩服務。很多人利用下班或午休時去做，甚至還要排隊，非常受人歡迎。由此可知，上班女郎的確因肩膀酸痛而非常煩惱。

肩膀酸痛是支撐手臂的肩和頸部肌肉，以及包住肌肉的筋膜疲勞所造成的。女性因爲這些肌肉衰弱容易疲勞，漸漸就會出現肩膀酸痛的毛病。尤其是長時間持續坐辦公桌的工作，手臂上抬的狀態下活動手或手指，或者是持續操作電腦按鍵，肩膀周邊的肌肉造成極大的負擔，所以想要尋求按摩這也是無可厚非之事。

預防肩膀酸痛和預防腰痛的情形一樣，平常要多注意站的姿勢、坐的姿勢，而且要藉著做體操強化肌肉。工作的空檔，繞繞脖子、繞繞手臂，肩膀上、下動一動，或者是手臂用力往上伸展，肌肉就能放鬆。泡澡之後按摩也有效。

有一些不容易察覺到的細節也會造成肩膀酸痛，例如寒冷。身體寒冷時血液循環不良，容易引起酸痛。如果冷氣的冷風單從某側吹來，不知不覺中這一邊的肌肉就會變得緊張而且寒冷，所以要同時進行預防寒冷的對策。

此外，經常背著背包、拿重物走路，肌肉疲勞也容易引起肩膀酸痛。太高的枕頭會造成肩膀、頸部肌肉不必要的負擔，所以要選擇適合自己的枕頭高度和柔軟度。

Ⓒ

①繞手臂，從側向慢慢上抬

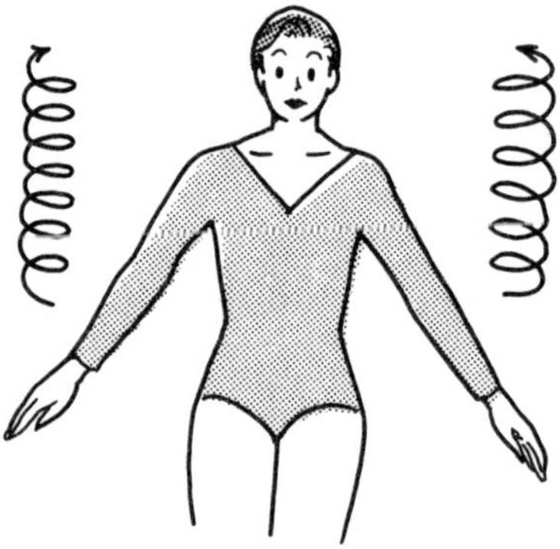

②手臂朝相反側繞，慢慢的放下。經常保持手臂伸直。

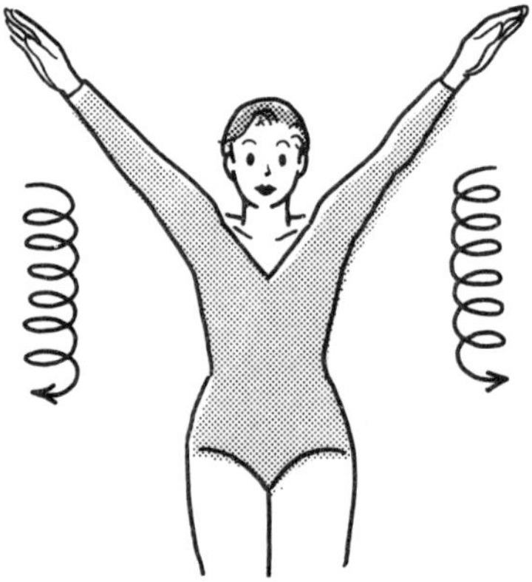

根據「圖解肩膀酸痛治療法」（主婦之友社發行）

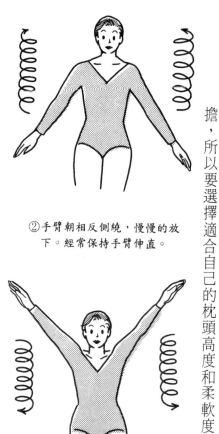

肩膀酸痛的體操

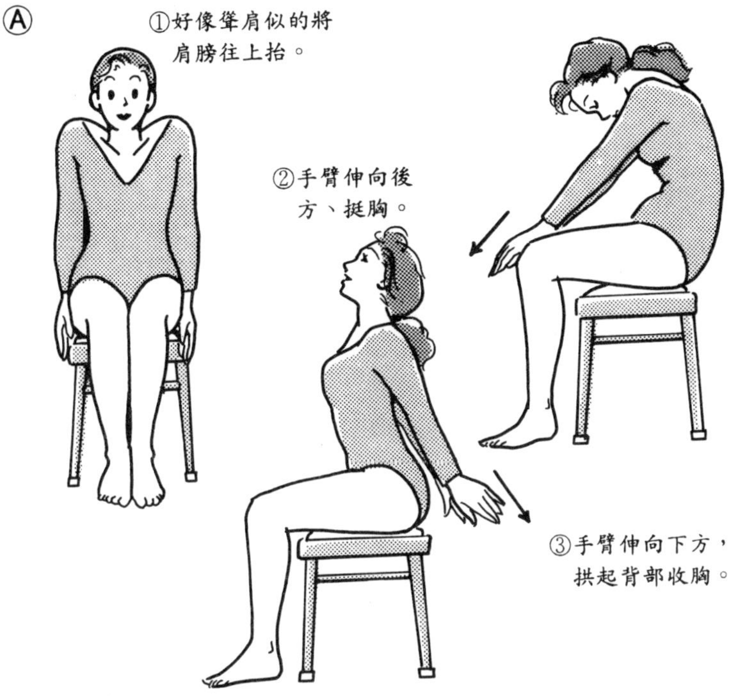
Ⓐ
①好像聳肩似的將肩膀往上抬。
②手臂伸向後方、挺胸。
③手臂伸向下方，拱起背部收胸。

Ⓑ 脖子朝前後左右倒、旋轉，放鬆頸部的肌肉。

頭痛

頭痛的種類和原因非常多，在此爲各位說明一下代表性的血管性頭痛和肌肉收縮性頭痛。

血管性頭痛就是一般所說的偏頭痛，因爲某種原因血管擴張超過了限度，血管壁拉扯而產生疼痛。會出現在頭的左右某一邊，或者是整個頭產生一種脈搏跳動的跳痛感，疼痛強烈時會有噁心、全身倦怠感、頸部壓迫感等症狀。

此外，頭痛開始之前身體倦怠，眼睛感覺晃眼。前兆出現之後，立刻服用鎮痛劑的話，能夠避免劇烈疼痛。冷卻頭能使擴張的血管收縮，也能緩和頭痛。相反的，喝酒或是泡澡會使血管擴張，最好避免這些行爲。

血管性頭痛遺傳的要素較強，女性在月經中和月經前容易發生；梅雨和颱風季節容易發生。據說疲勞、壓力、人群、強光、巧克力或乳酪等食品，也會誘發頭痛。

肌肉收縮性頭痛，則是頭部肌肉持續收縮，引起血流障礙而造成的。不像血管性頭痛一樣會定期發作，引發的關鍵是過度疲勞或壓力。會出現肩膀、頸部肌肉酸痛和倦怠感。溫熱頭部，使得收縮的肌肉放鬆，做輕鬆的體操就能夠緩和症狀。泡澡或是喝一點酒能夠消除壓力，也不錯。

總之，頭痛具有體質的原因，很難治療。儘可能要記住自己頭痛的形態，避開容易頭痛的狀態。但是經常頭痛的人背後可能隱藏著某種疾病，一定要接受腦神經外科的診治。分析頭痛的形態，有特效藥的話要隨身攜帶，才能產生一種「不管什麼時候發生頭痛都沒問題」的安心感。

耳鳴、頭暈

耳鳴包括會聽到實際上不存在的音的「自覺性耳鳴」，或者是會感覺到平常聽不到的，來自自己體內所發出的肌肉、血管的聲音等生理音的「他覺性耳鳴」。

大半數是自覺的耳鳴，這個音包括「ㄎㄧㄥ」「ㄐㄧㄥ」的音，或是波音、蟬鳴聲等。原因是內耳變成電氣信號的音傳到聽神經，到達腦的聽覺中樞，認知爲音的某處經路過熱所造成的。懷孕中或月經前等特定的期間，自律神經平衡失調而出現自覺性耳鳴，生產後或是月經終了後就會消失，所以不用擔心。

此外，還有自律神經失調症、中耳炎、聽神經的腫瘤、**梅尼埃爾病**等也可能會造成耳鳴，所以一定要去看醫師，了解是否隱藏其他的疾病。

自律神經失調症引起的耳鳴，據說當歸芍藥散（參考八十頁）、**連珠飲**、**釣藤散**等漢方療法有效。

自律神經失調症所引起的耳鳴，會伴隨重聽或頭暈等現象。這種耳鼻科領域所引起的頭暈，會使眼睛不斷轉動。還有腦血管性的疾病、障礙所引起的頭暈，這是覺得頭朝左右搖晃的症狀。併發症狀則是噁心和頭痛。

梅尼埃爾病

原因不明，據說是因爲壓力而導致內耳的淋巴液分泌過剩，內耳浮腫的狀態。會出現耳鳴、頭暈、平衡感覺障礙、重聽、嘔吐等現象。

連珠飲

用來治療耳鳴的漢方藥，搭配苓桂朮甘湯和四物湯。

釣藤散

除了耳鳴之外，也用來治療高血壓症、慢性頭痛、動脈硬化症等的漢方藥。適合比較有體力的人。

等到實際發生頭暈時，很難接受診察，要診斷也很困難。不過，最近認爲過度疲勞、壓力、自律神經失調症等造成的頭暈增加了。這時就要進行**苓桂朮甘湯**、當歸芍藥散、**加味逍遙散**等漢方療法。

眼睛疲勞

職場上持續看電腦螢幕，或眼睛追逐著文件細小的文字、數字時，可能會不經意的閉上眼睛、按壓眼瞼。相信上班女郎都有這樣的經驗。回家之後看電視、看雜誌，我們的眼睛從早到晚不眠不休的工作著。

眼睛疲勞、模糊、充血，眼瞼有沈重感，不只眼睛，連肩膀酸痛、頭頂部的疼痛、頭暈、噁心等現象都出現了。短時間使用眼睛就會出現這些症狀，或者是休息也無法消失，這就稱爲眼睛疲勞。

最近稱使用VDT（參考六十二頁）的勞動所引起的眼

苓桂朮甘湯

除了頭暈之外，還可以治療頭痛、呼吸困難、梅尼埃爾病、血壓異常、心臟疾病、腎臟疾病等的漢方藥。適合尿量減少、搖晃、有心悸症狀的人。

加味逍遙散

除了頭暈之外，還可以治療頭痛、失眠症、便秘、神經症、手腳冷症、月經不順、月經困難症、更年期障礙等的漢方藥。適合虛弱體質、肩膀酸痛、倦怠症、便秘的人。想長期服用或胃腸較弱的人和孕婦，使用前要先和醫師商量。

去除眼睛疲勞的眼球體操

不要看東西，只是移動視線而已。反覆①～⑦的動作，持續進行三分鐘。

①

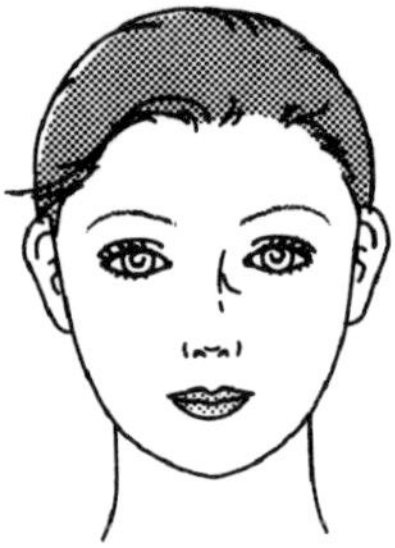

首先，眼睛張開如普通狀態。

②

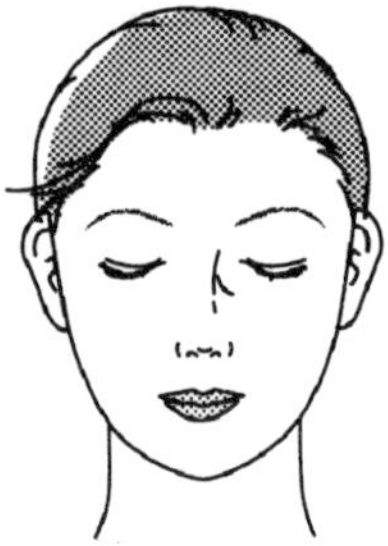

用力閉上眼睛2～3秒。

③

用力張開眼睛，保持2～3秒。

④

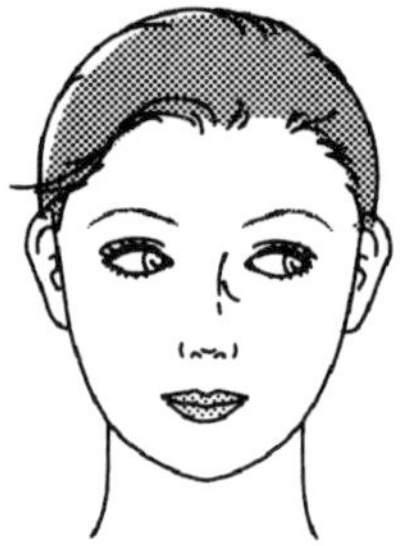

臉不動，只有視線朝左移動2～3秒。

⑤

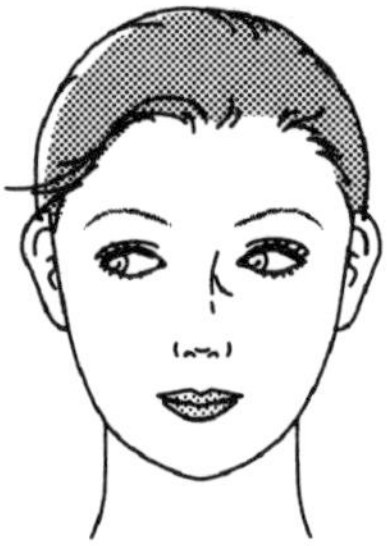

只有視線朝右移動2～3秒。

⑥

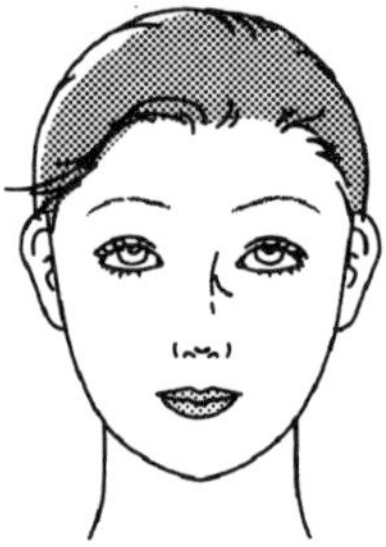

只有視線往上看2～3秒。

⑦

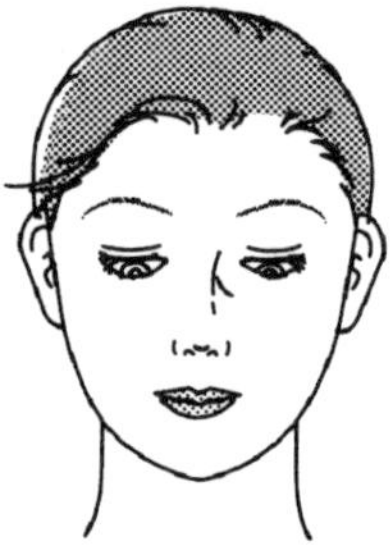

只有視線往下看2～3秒。

根據『圖解　眼睛疲勞、視力減退的治療法』（主婦之友社發行）

馬卡洛現象

長時間盯著電腦螢幕看，白色東西看起來像紅色的現象。無論是誰都會產生這種錯覺。

睛疲勞、肩膀和頸部酸痛等症狀爲VDT症候群，是一種職業病。VDT勞動之後，白色的東西看起來略帶紅色，這稱爲**馬卡洛現象**，是一種錯覺，不用擔心。

此外，VDT勞動酷使眼睛，或眼睛無異常，只是出現眼睛疲勞症狀，則稱爲神經性眼睛疲勞。原因是因爲壓力、焦躁等心理的疲勞而引起，每天長時間反覆單純的作業，就會使得症狀惡化。

近視的人使用隱形眼鏡、眼鏡增加了，不合度數會對眼睛造成負擔，也容易引起眼睛疲勞。

要防止眼睛疲勞，首先一定要讓眼睛適度的休息。尤其是使用VDT時，每隔四十～五十分鐘就要休息十分鐘。

眼睛疲勞時一旦冷卻會感覺很舒服，但這只是暫時性的清涼感。經常使其冷卻反而會增加眼睛疲勞。疲勞時溫熱比較好。泡個澡，在熱水中就能消除眼睛疲勞。這時可以用熱毛巾矇住臉，會感覺更舒服。

利用市售的眼睛疲勞藥水也不錯，但是眼藥水中所含的血管收縮劑中，有些會急速增高眼壓，自己或家人有青光眼等疾病時，一定要仔細閱讀注意事項之後再使用。

起立性昏眩

初中、高中時期長時間站立在操場突然倒下，成為大人之後，疲勞和壓力堆積時或睡眠不足時，突然回頭或是站起來會覺得搖搖晃晃的。這是一般人認為的「貧血」現象，所以不少人會將其和缺鐵性貧血混淆。起立性昏眩是一種腦貧血（起立性低血壓）。

在車上，有人因為月經中不舒服而倒下，或是在暑熱的地方、洗澡時覺得血氣上衝，很多人會認為是月經的出血而導致貧血現象，這都不是正確的想法。

平常站起來時，由於交感神經的作用，末梢的血管收縮、心跳次數增加，使得流到腦的血液增加，保持血壓的穩定。這個功能無法順暢進行時，血壓下降，沒有足夠的血液到達腦，會出現暫時性腦機能減退的現象，而造成起立性昏眩。當自律神經失調症導致交感神經、副交感神經平衡混亂時，就容易引起起立性昏眩。

一旦引起起立性昏眩時，會覺得眼前發黑、頭暈，有時候就這樣倒下，意識昏迷。只要立刻躺下來閉上眼睛，或是寬鬆衣服、保持靜養，這些症狀立刻就會消失。

這時頭不要墊太高。並不是什麼嚴重的疾病，但是經常發生，有時醫師會給升壓劑或鎮定劑等。

容易引起起立性昏眩的人，大多會擔心「可能在職場上或車上昏倒，而覺得很難爲情」，有這樣的心情會產生負擔。日常生活中，要避免積存疲勞和壓力，站起來或要撿拾掉在地上的東西時，動作放慢些，就能多少預防起立性昏眩了。

長腫疱

臉上長出一個腫疱，女性會覺得很憂鬱。腫疱嚴重到皮膚科診治時，醫師說是「荷爾蒙平衡失調」「男性荷爾蒙太多」，最近到我診所來的人增加了不少。尤其是二十五～三十歲的上班女郎。

按照她們的希望檢查荷爾蒙，但是幾乎都無異常。本人推測原因，覺得可能是「敏感肌」「便秘」，仔細詢問之後，發現大多是生活習慣出了問題。例如抽煙、不規則的飲食生活、壓力、睡眠不足、攝取過多嗜好品、錯誤的化妝或洗臉法等，還有附著於前髮上的定型慕斯或洗髮精，接觸到皮膚造成刺激。

月經前皮脂分泌提高，的確容易長腫疱。重新評估自己的生活習慣，會發現幾乎都是可以改善的情況。

此外，肌膚的煩惱還有臉色黯沈、眼下的黑眼圈。是由於自律神經平衡失調，使得肌膚的毛細血管收縮，血液無法順暢循環，老舊血液停滯所造成。尤其是皮膚較薄的眼下會出現黑眼圈，嘴唇不再紅潤。

即使塗抹昂貴的乳液，或者是到美容沙龍按摩，暫時消除這些問題，但是無法產生長久的效果。

要保持美麗、明亮的肌膚，要從體內改變才行。要過著避免自律神經平衡失調的生活。此外，也必須要小心謹慎會加速壓力和各種問題的飲食、吸煙、過度的飲酒等。

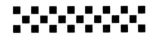

第四章
確實掌握容易引起婦科症狀的原因

婦科特有的症狀包括下腹痛、分泌物、出血等。同樣是疼痛，但有些是不需要擔心的生理現象，有些則是疾病的症狀，包括疼痛的特徵在內，也要一併觀察其他症狀或分泌物的情形，如果擔心的話就要儘早到婦科接受診治。

表是將主要婦科症狀依列舉出來，有些可以暫時觀察情況，有些要儘早接受婦科或其他科的診治，有些則是必須立刻接受診治。

原則上，可以當成幫助判斷自己症狀的方法。

在表之後，爲各位簡單叙述關於婦科和性器的疾病。

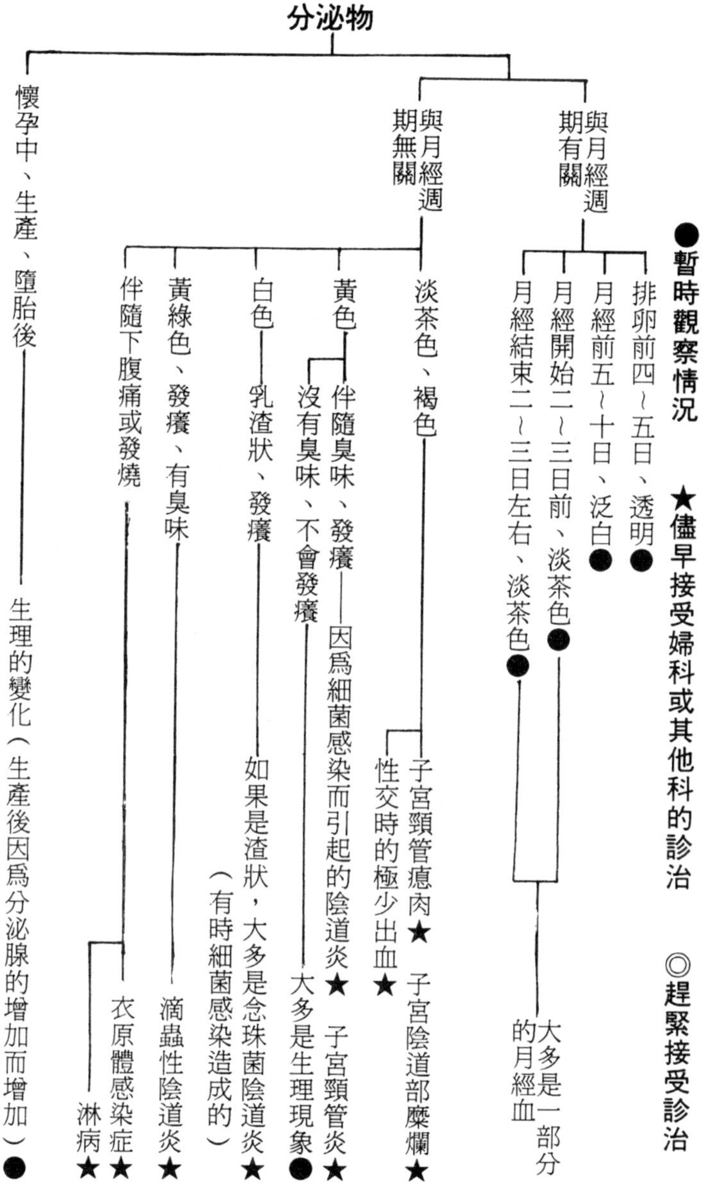

分泌物
與月經週期有關
排卵前四～五日、透明●
月經前五～十日、泛白●
月經開始二～三日前、淡茶色●
月經結束二～三日左右、淡茶色●
大多是一部分的月經血
與月經週期無關
淡茶色、褐色
子宮頸管瘜肉★
子宮陰道部糜爛★
性交時的極少出血★
黃色
伴隨臭味、發癢
因爲細菌感染而引起的陰道炎★
子宮頸管炎★
沒有臭味、不會發癢
大多是生理現象●
白色
乳渣狀、發癢
如果是渣狀，大多是念珠菌陰道炎★
（有時細菌感染造成的）
黃綠色、發癢、有臭味
滴蟲性陰道炎★
伴隨下腹痛或發燒
衣原體感染症★
淋病★
懷孕中、生產、墮胎後
生理的變化（生產後因爲分泌腺的增加而增加）●
●暫時觀察情況
★儘早接受婦科或其他科的診治
◎趕緊接受診治

出血

- 與月經週期有關
  - 月經開始二~三日前
    - 生理現象（荷爾蒙輕微混亂）★
  - 月經終了二~三日後
    - 生理現象（子宮內殘留月經血、荷爾蒙平衡輕微混亂）★
  - 中間期（排卵期）
    - 排卵期出血持續三~四日●
    - 七日以上的話★
  - 懷孕中
    - 子宮外孕◎
    - 迫切流、早產◎　分娩◎
- 與月經週期無關
  - 少量並帶有分泌物的出血
    - 子宮頸管瘜肉★　子宮陰道部糜爛★
    - 陰道炎★　外陰炎★　子宮頸癌、體癌◎
  - 中度出血、滴滴答答出血
    - 荷爾蒙平衡混亂★
    - 子宮肌瘤★　子宮頸癌、體癌◎
  - 大量出血
    - 荷爾蒙平衡混亂◎
    - 子宮肌瘤◎　肌瘤分娩◎

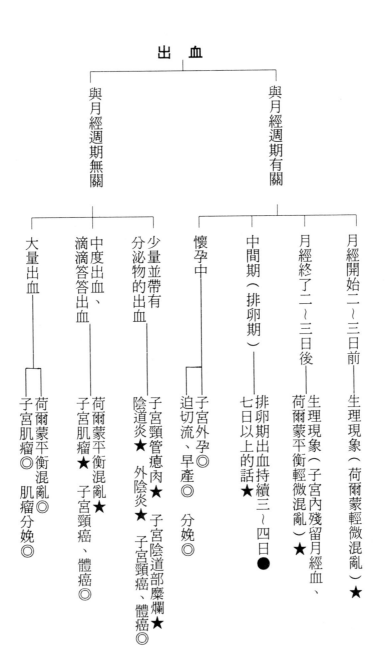

下腹痛

- 與月經週期完全無關
  - 突然出現持續疼痛
    - 闌尾炎◎　腸炎★　急性腹症◎
    - 婦科以外的內臟發炎症狀★
  - 頻尿
    - 尿路系統的發炎症狀◎
    - 膀胱炎★
  - 無月經
    - 子宮外孕◎
    - 懷孕◎
  - 不會出現發燒現象
    - 黏連★
    - 卵巢腫瘤★
  - 大多伴隨發燒現象
    - 子宮附屬器官炎★
    - 子宮內膜炎★
  - 排便痛
    - 子宮內膜症★
    - 子宮肌瘤★
  - 排便停滯
    - 便秘●
- 與月經週期有關
  - 月經前
    - 月經前緊張症★
  - 月經中期(排卵期)
    - 排卵痛●
  - 月經中
    - 子宮內膜症★
    - 子宮肌瘤★
    - 月經困難症★

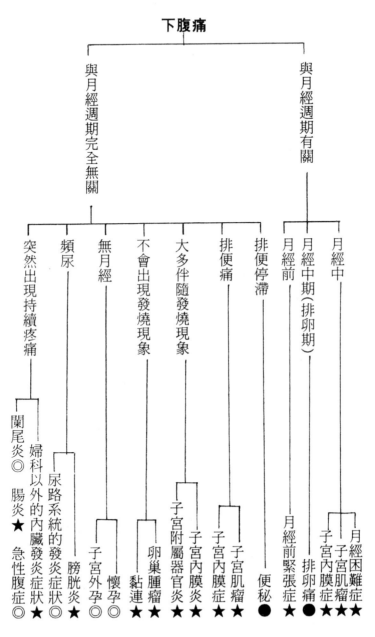

月經不順

- 無月經
  - 十八歲以上都沒有初經
    - 原發性無月經★
  - 性交後
    - 懷孕★
  - 強烈壓力
    - 續發性無月經★
- 月經量較少
  - 間隔較長
    - 遲發排卵★
    - 無排卵★
    - 卵巢機能不全（包括更年期、未成熟在內）★
    - 甲狀腺機能異常★
  - 量較少、日數較短
    - 無排卵月經★
    - 卵巢機能不全★
    - 甲狀腺機能異常★
  - 減肥導致體重減輕
    - 卵巢機能不全★
  - 強烈壓力
    - 因爲壓力而出現暫時的月經不順●

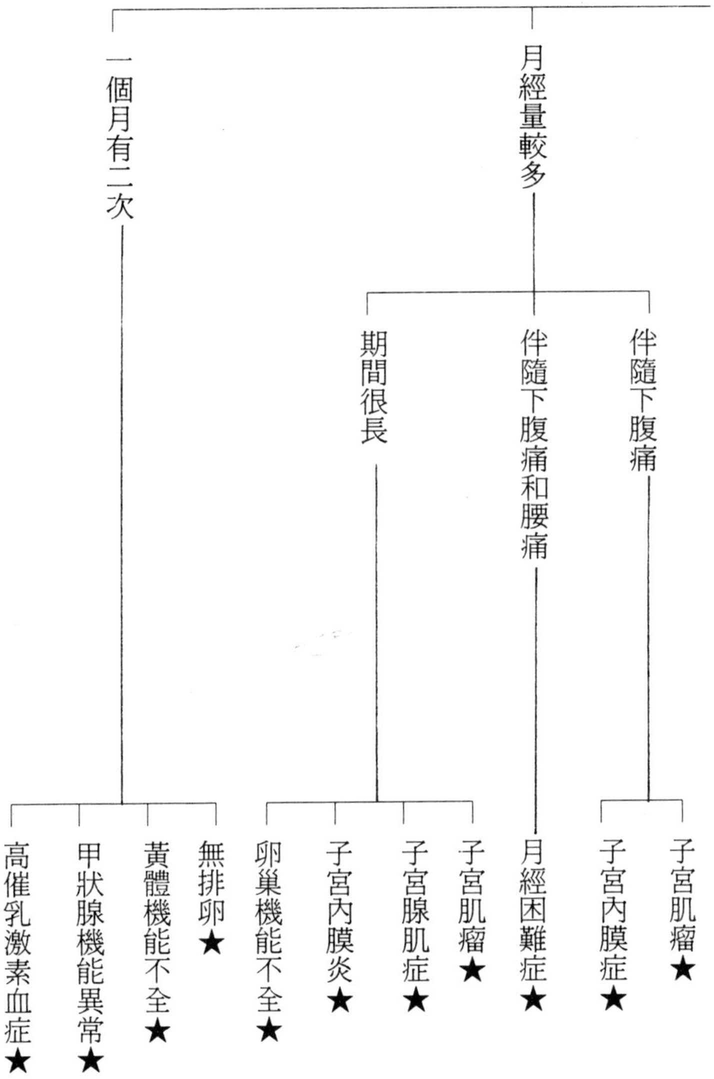
月經量較多
一個月有二次
伴隨下腹痛
伴隨下腹痛和腰痛
期間很長
子宮肌瘤★
子宮內膜症★
月經困難症★
子宮肌瘤★
子宮腺肌症★
子宮內膜炎★
卵巢機能不全★
無排卵★
黃體機能不全★
甲狀腺機能異常★
高催乳激素血症★

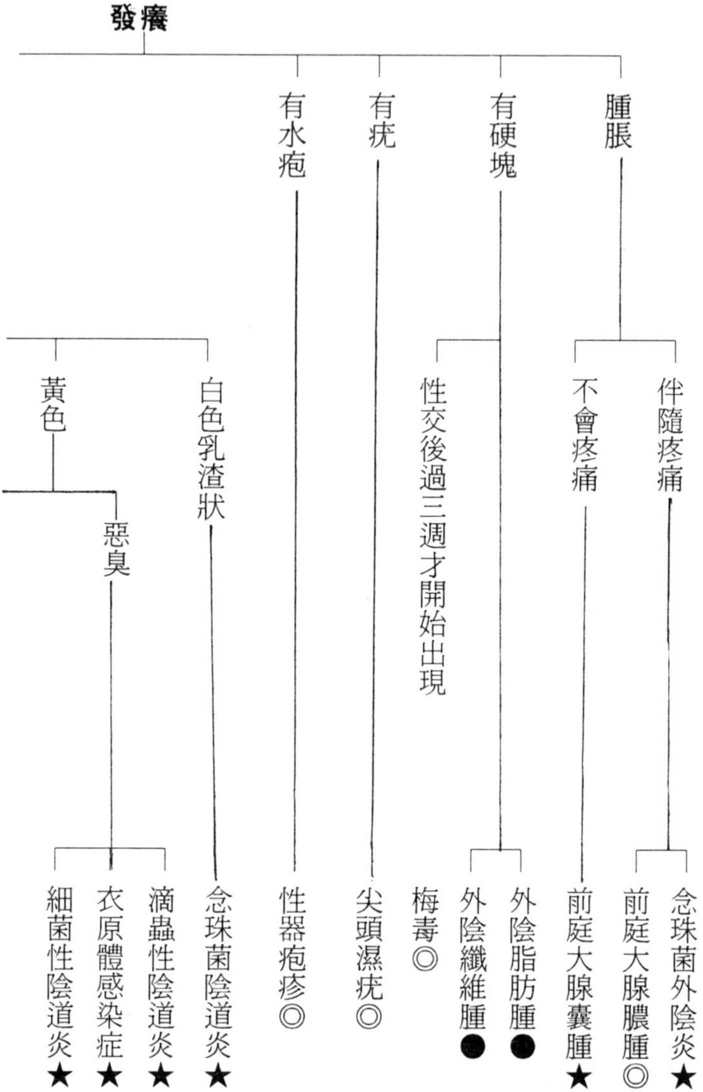
發癢
腫脹
有硬塊
有疣
有水疱
伴隨疼痛
不會疼痛
性交後過三週才開始出現
白色乳渣狀
黃色
惡臭
念珠菌外陰炎★
前庭大腺膿腫◎
前庭大腺囊腫★
外陰脂肪腫●
外陰纖維腫●
梅毒◎
尖頭濕疣◎
性器疱疹◎
念珠菌陰道炎★
滴蟲性陰道炎★
衣原體感染症★
細菌性陰道炎★

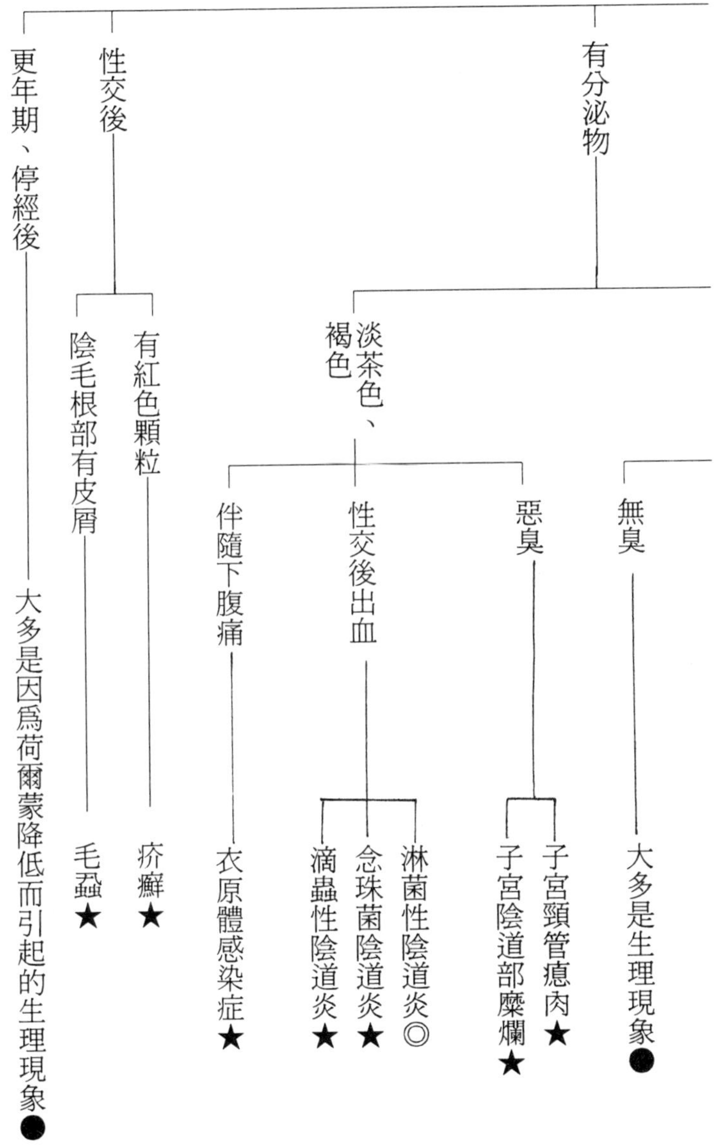
有分泌物
淡茶色、褐色
無臭
大多是生理現象●
惡臭
子宮頸管瘜肉★
子宮陰道部糜爛★
性交後出血
淋菌性陰道炎◎
念珠菌陰道炎★
滴蟲性陰道炎★
伴隨下腹痛
衣原體感染症★
性交後
有紅色顆粒
疥癬★
陰毛根部有皮屑
毛蝨★
更年期、停經後
大多是因爲荷爾蒙降低而引起的生理現象●

婦科・女性性器的主要疾病

■梅毒

症狀　感染後有三週的潛伏期間，然後發症。性器和外陰部出現隆起、發紅的硬塊，不會疼痛，數週內就會消失。接著全身出現好像玫瑰花瓣般的發疹現象，同時有發燒、頭痛、身體倦怠等現象。再繼續下去，侵襲到神經或心臟，不過現在已經很少看到這麼嚴重的例子了。

原因　與帶有梅毒螺旋體病原菌的人進行性行為，或者是接吻而造成感染。

治療法　內服盤尼西林等抗生素，二～三週內治癒。

日常生活的注意事項　為了防止感染給他人，性行為方面要多謹愼，要保持外陰部的清潔。

■淋 病

症狀　感染後二～七日內發症，陰部發癢，腫脹之後會出現黃色或白綠色膿樣的分泌物。細菌擴散時，會引起尿道炎、陰道炎、子宮頸管炎、卵管炎、骨盆內發炎症狀，也會引起不孕。

原因　淋菌直接接觸黏膜而感染。大部分是經由性行爲而造成的，但是也可能經由接吻、愛撫而感染，如果家中有淋病患者，則較小的孩子或抵抗力較弱的人可能由浴室、便器、毛巾等造成感染。

治療法　內服盤尼西林就能治癒。

日常生活的注意事項　爲了防止感染給他人，嚴禁性行爲。要分別使用不同的浴缸和毛巾。由於分泌物會增加，要保持外陰部的清潔。

■尖頭濕疣

症狀　小陰唇內側、陰道口和肛門周圍出現尖尖小小的疣狀物，會有發癢以及灼熱感。然後就會變成如小紅豆般大具有彈性的紅褐色疣，或者花菜狀較大的疣。疣容易受傷，一旦碰到尿會產生劇痛感。

原因　經由性行爲而感染人乳頭瘤病毒，會在因爲分泌物等而潮濕的外陰部繁殖。

治療法　利用電氣手術刀燒掉疣，再利用液體氮將其凍結。也可以塗抹含有抗癌劑的軟膏。

日常生活的注意事項　這病毒與子宮頸癌有密切關係，所以一定要定期接受檢診。

■性器疱疹

症狀　外陰部出現水疱，感覺疼痛、有時會發燒。水疱破爛之後，排尿時會產生刺痛感。另一方面有種不顯性感染，即使感染也不會出現明確的症狀。

原因 經由性行爲而感染，此外，大多是小兒期感染了疱疹病毒，沒有出現症狀，一直潛伏在體內的病毒，因爲疲勞、壓力、月經等而發症。

治療法 內服抗病毒劑以及塗抹鎭痛、消炎劑軟膏，就能治癒。

日常生活的注意事項 發疹期間嚴禁性行爲，不可以接觸抵抗力較弱的人或幼兒、兒童。性伴侶也有不顯性感染的可能性，要一併接受檢查、治療。

■淋菌性陰道炎

症狀 陰道不會發癢，但是外陰部紅腫、糜爛。會出現黃色、白綠色膿樣的分泌物。

原因、治療法、日常生活的注意事項 與「淋病」相同。

■滴蟲性陰道炎

症狀　外陰部產生強烈發癢症狀，還會出現帶有惡臭的黃色或摻雜血液的分泌物。分泌物增加時外陰部糜爛，引起步行困難或排尿時的疼痛。症狀持續下去，分泌物的顏色變深，變成深綠色，會摻雜著一些小細泡。

原因　一種原蟲，陰道滴蟲寄生在陰道內而引起的。男性的尿道，前列腺中也有陰道滴蟲，不過幾乎沒有自覺症狀，所以大多在不知不覺中，經由性行爲而感染到女性身上。感染力很強，偶而也可能因爲廁所的便器或浴缸而造成感染。

治療法　將陰道錠劑塞入陰道中，利用內服藥驅除陰道滴蟲。男性性伴侶也要一併接受治療，避免反覆感染。

日常生活的注意事項　性伴侶還沒完全治癒之前不要進行性行爲，等到家人都泡澡之後才能泡澡，內衣褲要另外洗濯，要注意別感染到家人。

■念珠菌陰道炎

症狀　陰道內和外陰部出現強烈的發癢及熱感。泛白的分泌物增加，發症時會出現好像鬆軟白乾酪似的白色分泌物。再持續下去，外陰部和小陰唇會出現很多像奶油的白色渣狀物。

原因　是一種黴菌（眞菌），念珠菌在陰道內繁殖而引起的。念珠菌平常也會寄生在粘膜或皮膚，健康時沒有問題，當體力減退、抵抗力衰弱時，或者是長期服用抗生素的人、孕婦、糖尿病患者就會出現症狀。感染經路爲性行爲，但男性沒有自覺症狀，也許在不知不覺中感染給女性。

治療法　抗眞菌劑的陰道錠劑以及內服藥，均可使用。要治療外陰部的強烈發癢症狀，則可以塗抹軟膏。

日常生活的注意事項　念珠菌容易在高溫多濕的場所繁殖，因此要勤於更換內褲和衛生棉墊，避免穿著通氣性不佳的內褲或牛仔褲。過度清洗陰道會使得具有自淨作用的常在菌流出，因此要多注意。要用溫水沖洗外陰部和陰道口，保持清潔。

■月經困難症

症狀　月經時經常出現輕微的下腹部痛或腰痛，如果已經痛到對生活造成阻礙，就稱爲月經困難症。除了強烈下腹部痛和腰痛之外，還有頭痛、噁心、發汗、頭暈、血氣上衝等現象。月經開始之前就會發生這種症狀，在月經的第一～二天時達到顚峰，然後逐漸消失。

原因　包括沒有疾病原因，或無異常的機能性月經困難症，以及因爲一些疾病，或異常而造成的器質性月經困難症。

機能性月經困難症主要有二種。一種是年輕女性或無生產經驗的女性較多見，子宮頸管長而狹窄又硬，月經血通過時感覺疼痛。成熟之後的子宮頸管變得短、粗，就能消除這個問題。另外就是爲了推出月經血，使子宮具有強力收縮作用的前列腺素荷爾蒙分泌增多，導致收縮過強。

器質性月經困難症的原因，則可能是子宮內膜症、子宮肌瘤、發炎或腫瘤等疾病，以及先天的子宮頸管較細、子宮位置異常等原因。

治療法　首先必須診斷是否有疾病或異常，如果有就要治療。若是無疾病的機能性症狀，則只能用鎮痛劑抑制疼痛，或者使用抑制前列腺素分泌的藥物。

日常生活的注意事項　情緒低落以及骨盆內血液循環不良時，容易引起月經困難症。如果不是疾病，可以藉著運動促進血液循環，發現自己的興趣轉換心情也很重要。

■子宮外孕

症狀　懷孕初期產生輕微下腹部痛和少量的不正常出血。受精卵在輸卵管逐漸長大時，會導致輸卵管破裂，引起大出血，下腹部產生劇痛、噁心、休克等狀態。

原因　可能是輸卵管炎或腹膜炎，也可能是輸卵管內腔狹窄，在輸卵管壺腹受精的受精卵，未到達子宮內就在輸卵管內著床發育，造成這種現象。

治療法　很難早期發現，大多是等到輸卵管破裂或是引起流產時才發現。這時就必須藉著緊急剖腹手術止血。

日常生活的注意事項　爲了在事態嚴重之前就發現這個症狀，懷孕初期的不正常出血和腹痛是不容忽略的徵兆。尤其是像腹膜炎和性病，或者是墮胎後引起發炎的人，更必須要注意。

■子宮肌瘤

症狀　三十歲以上的女性，四～五人中就有一人有肌瘤，是非常普遍的良性腫瘤。大多沒有自覺症狀，不會因形成的位置而有不同的大小，有時會有月經異常或不正常的出血現象。肌瘤阻礙子宮的收縮，使得月經期間拖得較長，或是月經血量較多，月經期間之外也可能會出血。有時也會產生強烈的月經痛。此外，肌瘤增大壓迫到周邊時會引起各種症狀。壓迫骨盆神經時會引起下腹部痛及腰痛；壓迫膀胱時會引起頻尿和排尿困難；壓迫直腸時會造成便秘和下痢。發症時持續出血會造成貧血，出現呼吸困難的現象，也會成爲不孕或流產的原因。

原因　目前不明，不論是誰都會有肌瘤核，有人說肌瘤核會受到女性荷爾蒙雌激素的影響而增大。

治療法　依肌瘤的位置、大小、症狀的強度、年齡、是否希望生產來決定。肌瘤症狀較少、較小時，可以定期檢診、觀察情形。當接近停經年齡時，藉著荷爾蒙療法進行使肌瘤縮小的僞停經療法。

有只切除肌瘤核的手術（肌瘤切除術），以及切除整個子宮的手術（子宮全切除術）。

日常生活的注意事項　子宮肌瘤是良性腫瘤，因此不用擔心。但是因位置、大小的不同，有時會造成問題，一旦發現就要定期檢診。

■前庭大腺囊腫

症狀　小陰唇內側的陰道入口處形成硬塊。

原因　在這兒的左右前庭大腺阻塞分泌液，積存就造成囊腫。有時增大到如鵪鶉蛋般大小，造成細菌感染、化膿，膿積存時就會紅腫，伴隨疼痛和發燒現象。

用不清潔的手觸摸外陰部，或者是不清潔的性行爲以及排尿、排便等，可能會使得外陰部或肛門的細菌感染前庭大腺，而引起這種症狀。

治療法　找出原因菌，服用適合的抗菌藥。也可以併用軟膏和內服藥消炎鎮痛。

日常生活的注意事項　避免長期使用容易悶熱的內褲或太緊的牛仔褲，要注意生理用衛生棉墊和分泌物棉墊等的清潔。

■子宮頸管瘜肉

症狀　大多是無症狀、偶然發現的，子宮頸管粘膜出現紅豆般大小至蠶豆般大小的突起。莖延伸下垂，不只一個，有時會出現好幾個。不會疼痛，但分泌物增加，容易充血，組織容易潰爛，性行爲或運動後也可能會出血。

原因　目前原因不明，認爲可能是頸管腺發炎，或雌激素的作用而引起。

治療法　從莖的根部切除，一～二分鐘就可以完成，不會疼痛。雖然有少量的出血，但第二天就好了。

日常生活的注意事項　治療的這一天不可以有性行爲或泡澡。容易復發，每一次都要切除。爲了以防萬一、鑑別是否與癌有關，因此，不正常出血時要儘早接受診治。

■子宮頸管炎

症狀　急性期，帶有顏色的分泌物會增加，伴隨著下腹部痛和腰痛的現象，不過很多人都無自覺。到了慢性期，分泌物更多，出現性器出血、下腹部痛、腰痛、性交痛等現象，這時才會自覺到症狀出現。慢性化會成爲不孕的原因。

原因　來自陰道上行性感染淋菌、葡萄球菌、大腸菌、鏈球菌而造成，最近大多是由衣原體所引起。也可能是流產、分娩、墮胎時造成的感染。

治療法　服用抗生素同時靜養。慢性期的治療除了抗生素之外，也必須使用陰道錠劑，以及服用荷爾蒙劑。

日常生活的注意事項　大多是不清潔的局部，也就是衛生棉墊或內褲等引起的陰道炎，波及到頸管造成頸管炎，所以保持清潔最重要。此外，性行爲也會造成感染，使用保險套多少可以預防一下。

■子宮陰道部糜爛

症狀　子宮陰道部紅腫、潰爛的狀態稱爲糜爛，糜爛面較大分泌物增多，容易引起性交出血。

不過，通常大多無症狀。

原因　子宮陰道部糜爛九五％以上是假性糜爛（僞糜爛），眞性糜爛較少。假性糜爛是覆蓋子宮頸管部的圓柱上皮，由於雌激素分泌旺盛而使突出於陰道部的外側增殖，看起來好像紅腫、糜爛的狀態。

二十～四十歲的成熟女性占這種狀態的八～九成，組織正常沒有問題。眞性糜爛則是因爲性行爲等受傷之後造成的。子宮陰道部眞的形成糜爛狀態，分泌物增加，容易引起出血和發炎症狀。

治療法　假性糜爛不需要治療。眞性糜爛反覆出現發炎症狀時，可以利用電氣或者是鐳射的方式燒掉，或是利用氮冷凍凝固來治療糜爛。此外，也可以利用抗生素、荷爾蒙劑、消炎劑等抑制發炎症狀。

日常生活的注意事項　形成糜爛的圓柱上皮與扁平上平交界處是容易發生子宮頸癌的場所。發現糜爛時，大多會發現早期的子宮頸癌。所以性成熟期的女性，即使無症狀也要定期接受癌檢診。

第五章 上班女性容易罹患的疾病及其對策

胃潰瘍

女性進入社會，從事必須負責任的工作，隨著得到必須負責任的地位之後，胃炎和胃潰瘍增加了。這些是容易受壓力影響的疾病。

自律神經調節胃腸的功能。副交感神經使得消化液的分泌、胃壁的蠕動運動活潑化，交感神經則抑制這些作用。二個神經平衡發揮作用，使胃發揮消化、吸收的功能。

此外，胃液是由鹽酸和胃蛋白酶等酸性極強的成分所構成，如果就這樣處於胃中，會使得胃本身的粘膜溶解，因此，胃會分泌保護自己粘膜的物質。因爲某些壓力而使這些平衡失調時，胃液過剩分泌或是無法產生粘膜保護物質，使胃粘膜受損，就會得胃炎和胃潰瘍。

身心壓力、吸煙、含有咖啡因的飲料、酒、非吡啉系退燒藥、抗生素等，會促進胃液的分泌。

胃潰瘍的主要症狀包括心窩疼痛、胃灼熱以及乾嘔，嚴重時會吐血。大多是飯後過了一段時間而產生疼痛，用手指按壓胃時，特定部位會覺得疼痛。若是胃炎則整個胃都會疼痛。

治療以藥物療法爲主，幾乎不需要動手術切除胃。即使用藥物治療，但，如果還是過著和治療前同樣忙碌的生活，仍然會復發。爲避免反覆發症，只有靠自己改變飲食生活，以及工作的處理方法。

一定要均衡的吃三餐，飯後要充足的休息。有了睡眠和

足夠的休養，還必須減少抽煙、喝酒。爲了對抗心理的壓力，可以試著去看心理醫師或自律訓練法。（參考七十五頁）

高血壓、低血壓

一般而言，正常血壓的範圍爲收縮壓一一〇～一三九mmHg、舒張壓六五～八九mmHg、收縮壓爲一六〇mmHg，舒張壓爲九五mmHg以上時，爲高血壓。並沒有特別的低血壓基準，不過收縮壓爲一〇〇mmHg以下時視爲低血壓。正常值和高血壓中間則稱爲境界血壓。

年輕女性較多見的是低血壓，但不會成爲疾病的原因或誘因，不是重要的問題。而高血壓會成爲動脈硬化、腦中風、心臟病等成人病的誘因，是比較嚴重的問題。看似與自己無關，因懷孕而得了妊娠中毒症，最後會變成高血壓，或停經後缺乏女性荷爾蒙而容易形成高血壓。

懷孕中得過高血壓的人，即使產後恢復正常，但更年期以後得高血壓的可能性很高，因此，要充分注意飲食生活和肥胖。

高血壓幾乎都是原因不明的本態性高血壓。誘因包括遺傳、體質、肥胖、攝取過多鹽分、抽煙、精神壓力、慢性肉體疲勞、睡眠不足等。認爲符合以上幾項的人，現在就必須要注意了。

也有一些降血壓的降壓劑，但是年輕時最好不要依賴藥物，藉著改善飲食生活與日常生活來加以控制。

低血壓也有可能是體質性的，年輕女性較多見的則是早上無法輕鬆起床，上午覺得頭腦茫然、缺乏工作欲望。這是因爲睡眠中占優勢的副交感神經，在起床之後，無法順暢切換爲交感神經占優勢的狀態所致。

這可以視爲是一種自律神經失調症，可以藉著自律訓練法（參考七十五頁）和適度的運動鍛鍊身心。所以要調整飲食生活，儘量不要遊玩到深夜。

貧血

因爲「容易疲倦」「覺得身體倦怠」「身體沈重」「爬樓梯時呼吸困難」等原因，而來到診所的女性並不少。檢查她們的血液，幾乎都是貧血，而且九〇％都是缺鐵而引起的缺鐵性貧血。

缺鐵性貧血的原因大多是偏食或減肥，經由飲食攝取的鐵質不足所造成。

此外，壓力和疲勞導致吸收鐵的胃功能減弱，即使攝取了食物也無法吸收。就算最初有貯存鐵，但是只有支出沒有收入，貯存的鐵當然會慢慢減少。**過多月經**或子宮肌瘤（參考一一八頁）、胃潰瘍、子宮頸管瘜肉（參考一二一頁）、痔瘡等伴隨出血的疾病也會造成貧血。過多月經，在每次月經時會反覆稍多的出血量，而子宮肌瘤等疾病雖然每次的出血量不多，但每天持續也會造成大量出血。

過多月經

月經血量具有個人差，一次月經正常爲五〇～一八〇ml。如果明顯較多就是過多月經。如果出現像豬肝般的血塊也是過多月經。

含鐵較多的食品

食品名	mg/100g	1次使用量	
		g	鐵 mg
洋栖菜（乾燥）	55.0	5	2.8
小魚乾	18.0	10	1.8
糠蝦乾	14.0	10	1.4
豬肝	13.0	50	6.5
烤海苔	12.7	1	0.1
乾海苔	12.0	1	0.1
蜆	10.0	30	3.0
芝麻（炒過）	9.9	9	0.9
芝麻（乾燥）	9.6	9	0.9
蘿蔔乾	9.5	20	1.9
大豆（國產）	9.4	20	1.9
凍豆腐	9.4	20	1.9
荷蘭芹	9.3	5	0.5
黃豆粉	9.2	10	0.9
雞肝	9.0	50	4.5
八目鰻	9.0	50	4.5
八目鰻乾	9.0	20	1.8
豆腐皮	8.1	2	0.2
香魚（養殖、內臟）	8.0	70	5.6
肝腸	7.4	20	1.5
蛤仔	7.0	30	2.1
小麥胚芽	6.6	2	0.1
肝醬	6.5	10	0.7
四季豆	6.0	20	1.2
雞蛋（蛋黃）	4.6	18	0.8
牛肝	4.0	50	2.0
菠菜	3.7	50	1.9

根據「四訂食品成分表」（女子營養大學出版部發行）

貧血的症狀慢慢發生，而身體也慢慢習慣貧血狀態，很難產生自覺症狀。不少人是在公司定期檢診時才知道自己有「貧血」的毛病。這一類的貧血是在不知不覺中進行，所以一年最好接受一次定期的血液檢查。

治療上爲了補充鐵質會給予鐵劑。如果是因爲疾病而造成的出血，要先治療疾病。這樣就能繼續貯存即將用光的鐵，同時也要從平常的飲食中充分攝取鐵質。食品方面，一天要攝取十二mg的鐵。含鐵的健康飲料糖分過多，要多注意。此外，月經前要下意識的多攝取鐵質較多的飲食，做好準備。治好貧血之後，大家都會覺得「身體輕鬆了」「不再容易疲倦了」，建議各位一定要貯存鐵質。

過敏性腸症候群

十年前這個疾病廣爲人知之後，很多女性說「這麼說來，我可能也是」，但最近就少有所聞了。對女性而言，是非常普遍的疾病，所以很多人視為是「理所當然」。

但必須要注意，有些反覆下痢的人並不是過敏性腸症候群，而是減肥所服用的瀉藥造成的。如果服用這種瀉藥成習慣之後，不僅會使腸的自然功能受損，也會引起其他的身心問題，所以絕不可以經常服用瀉藥。

過敏性腸症候群是指腸無異常，但其中一部分卻引起痙攣。腸藉著蠕動運動而排出糞便，但是當腸引起痙攣時，會產生過多排便的力量而引起下痢。此外，痙攣的腸部位上方殘留糞便就會引起便秘。

像這樣反覆下痢，或下痢與便秘交互出現。痙攣時產生劇烈的腹痛，腸內積存廢氣而產生噯氣，肚子咕嚕的叫，或是出現排氣現象。

治療上會下痢和便秘藥物，但最重要的是心理的問題。自律神經平衡失調會引起痙攣，所以要過著避免積存壓力的生活。

太過擔心因爲腸過敏而引起的問題，例如擔心「是不是又會下痢呢」，反而會增加壓力導致腸出現更過敏的反應。要向自律訓練法挑戰，不斷的自我暗示「沒問題。就算下痢，立刻服用這種藥就能痊癒」。

膀胱炎

上班女性容易得膀胱炎。因職種和職場的不同，有時無法上廁所，必須忍耐好幾個小時，而使膀胱容易引起感染變成膀胱炎。此外，辦公室太冷、過度疲勞、壓力也會誘發膀胱炎。

女性不論有無工作，就身體的構造上而言比男性更容易得膀胱炎。男性的外尿道口距離膀胱約二十公分以上，而女性只有三～四公分，病原菌容易進入膀胱。

膀胱炎的病原菌是大腸菌的一般細菌，以及成爲滴蟲性陰道炎、念珠菌陰道炎等原因的細菌。一旦得膀胱炎，即使上廁所也只能排出少量的尿，有殘尿感，而且有頻尿的現象。恥骨上方到下腹部會產生不快感以及苦重感。排尿後，下腹部到外尿道口會產生刺痛感，發炎症狀持續下去時，尿混濁，甚至會排出紅色的血尿。當細菌再上溯到輸尿管進入腎臟之後，就會引起**腎盂腎炎**，因此要儘早治療。

治療首先要採尿調查病原菌，再開殺死病原菌的抗生素等處方。輕微的話一週就能完全治癒。症狀減輕之後，不少人會認爲自己已經痊癒了而停止用藥。過度疲勞、體調不好時，殘存的細菌又開始作亂、會再度得膀胱炎。所以會認爲「膀胱炎會成爲一種習慣」。

必須要先經由尿液檢查，確認完全沒有細菌之後才可以停止治療，絕對不能夠自己任意判斷。

有的人認爲「進行性行爲就會得膀胱炎」。進行性行爲時要注意自己和對方的衛生習慣。不清潔的手指會成爲細菌的溫床。

腎盂腎炎

引起膀胱炎的病原菌上溯輸尿管，到達左右腎臟引起發炎症狀。急性時會發高燒、有血尿，下腹部和背部產生劇痛，如果是慢性則有輕微發燒、身體倦怠、腰痛等症狀，會誤以爲是感冒。

外翻拇趾

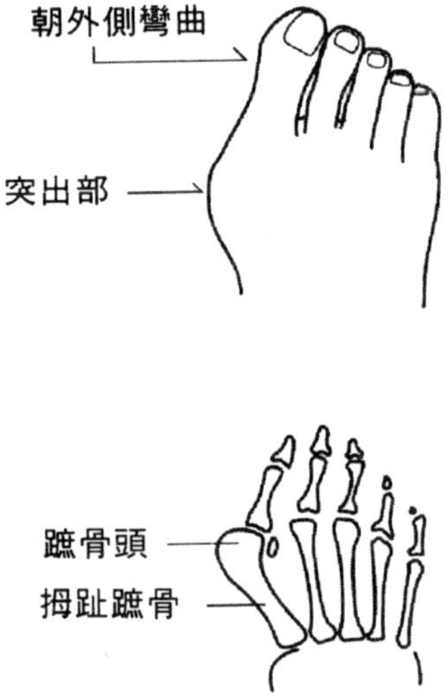

平常需要充分攝取水分，促進自然排尿，就能防止細菌進入。

外翻拇趾

回家之後，脫掉鞋子突然產生一種解放感。尤其是因爲外翻拇趾而煩惱的女性，腳非常疼痛。較多機會穿高跟鞋的上班女性，容易有外翻拇趾的毛病。外翻拇趾是腳拇趾的根部蹠骨傾向內側，蹠骨骨頭突出，碰到鞋子，內部引起發炎症狀而疼痛的疾病。

症狀持續下去，拇趾甚至會進入第二趾下方。穿了不合腳、鞋尖較細的鞋子，使得整個腳趾都被拵緊，或是因爲鞋跟太高而加重拇趾的壓力，每天持續好幾個小時穿這種鞋子，蹠骨和關節變形就會引起外翻拇趾。當然遺傳的要素也很強。

在這種狀態下走路，腳會疲勞、疼痛，甚至會引起腰痛、膝痛、頭痛、肩膀酸痛、月經不順。趁著症狀還沒開始惡化就要治療、預防。如果已經痛到無法走路，可以動手術切除彎曲的蹠骨，或進行使足形恢復原狀的治療。症狀輕微的話，則可以墊個墊子加以矯正，或是光用墊子支持腳底心改善症狀。此外，拇趾和食趾之間，可以夾著東西矯正彎曲的足。泡澡時可以進行使腳趾張開的按摩，或者是練習用腳趾猜拳。

最好的預防法就是不要增加足的負擔，選擇合腳的鞋子。最近出現一種外翻拇趾用的鞋子，以及訂做的鞋子。不要太注重顏色或者是設計，要選擇重視足健康的鞋子。

通勤時可以穿球鞋，如果是要來回走動的工作，可以穿跟較粗較低、具有穩定性的低跟鞋，參加宴會時再穿高跟鞋，要配合狀況分別使用不同的鞋子。穿運動鞋的確是比較輕鬆，但女性光穿運動鞋可能會感覺有些不足。

所以，在覺得需要華麗的裝扮時可以搭配「高跟鞋」和窄裙，我認爲這也是不錯的安排。

憂鬱病

「女強人症候群」「燃燒症候群」「卸下重擔症候群」，近年來述說女性憂鬱症狀的字眼不斷的被創造出來。社會形成一個會使女性憂鬱的環境，導致憂鬱狀態的女性增加了。

最好的治療方法是去看精神科、心療內科或是找心理醫師。但恐怕很難下定決心到這一科去。

國內對於這種心理病的偏見還很強，一談到「精神科」立刻想到分裂病等疾病。

在此，建議找出能夠發現自己憂鬱狀態的方法及消除法。看著鏡子覺得自己「好像面無表情」，或者是早上起來覺得「不想去公司上班」，不想和別人說話、晚上睡不著覺、沒有食欲時，就是輕微的憂鬱狀態了。

這時可以去見見很懷念的老朋友，或者是打電話、寫信給好久不曾見面的好朋友。

但是不要對這些朋友說「現在覺得公司很無聊」「身體覺得很倦怠」，而要以「最近怎麼樣啊？」「那個時候啊，眞高興耶」等等回憶當成話題，回到自己感覺最幸福的時刻，忘記現在的自己。

不能光是懷舊，也許有的人認爲「以前眞是好好啊，可是現在就不行了」，反而變得更憂鬱。這時就必須找出突破的關卡，可以當成一種構想試看看。

不管是去看婦科醫師或內科醫師，還是公司保健室的醫師、協談員都可以，儘量和他們聊一聊，也許會讓妳的心情舒服不少。他們也可以給妳輕微的鎮定劑處方，必要的話，他們也會介紹精神科、心療內科、心理醫師等專業人士。當然前題是妳要鼓起勇氣到那兒去，只要去一次，接下來就很容易了。不過，心理諮詢不包括在健康保險內，必須自行付費。最好事前先打電話洽詢。

我的診所三十分鐘要付費一千二百五十元，也許妳會覺得很貴，但是現在美容院燙個頭髮少說也要二千五百元。如果能讓妳覺得「從中得到快樂」「能夠考慮目前的狀態」，那麼我覺得這筆花費並不貴……。

有的人會說看心理醫師或是接受治療是「暴露出自己的弱點」。但是，也許可以藉此發現到自己並未察覺到的壓力原因。例如，造成無性生活的原因，可能是小時候曾看過父母進行性行爲，像這樣藉著引出潛在意識，就可以解除自己的束縛。

例如失戀時，光是對朋友說：「我和他是這樣子見面的，交往的情形是這樣子，因爲這個原因而分手。」就覺得心情非常愉快了。把自己的想法擺在心裡面就會不斷的往壞處想。妳應該下定決心，把藏在心中的想法化成話語說出來，會發現很多自己知道的事情。

美國電影通常有患者在心理諮詢室治療的場面，二個人就像朋友或愛人同志一樣，互相坦白。妳可以把醫師或心理醫師當成像這樣的朋友，而他們當然有保守秘密的義務，絕對不可以告訴任何人患者所說的事情。所以，妳可以安心、鼓起勇氣去敲開心理醫師的大門。

酒精依賴症

心意相通的朋友，快快樂樂在一起聊天、喝酒，下班之後和同事一起到酒店去，一邊發工作上的牢騷和對上司的不滿，一邊喝酒。這樣子喝酒能消除壓力，湧現一種「明天又能夠工作了」的心情。

血液中的酒精濃度與酩酊度

酒醉的時期	血中的濃度（單位 mg/mℓ）	酒量	症狀
爽快期	0.25	清酒一壺 啤酒一大瓶 威士忌單份 2 杯	顏面潮紅 爽快
微醺期	0.5	日本酒 2 壺 啤酒 2 大瓶 威士忌單份 5 杯	愛說話、多動 （帶有酒氣 駕駛界限）
酩酊期	1.0	日本酒 3 壺 啤酒 3 大瓶 威士忌雙份 3 杯	不論是誰，一看都知道已經喝醉了。 酒臭、打盹
強酩酊期	2.0	日本酒 5 壺 啤酒 5 大瓶 威士忌雙份 5 杯	走路不穩
泥醉期	4.0	只有想喝的時候才喝	無法步行 昏睡
昏睡期	5.0	短時間大量飲酒 日本酒 1 升 威士忌 1 瓶	呼吸麻痺 心臟麻痺

根據「臨床檢查」Vol. 29 No.1（1985：1）修改一部分

此外，緊張的工作或是頭腦勞動者，若無法去除精神的緊張就睡不著。這時，爲了消除緊張，能夠熟睡，有時候就要藉著酒的力量。適當飲酒對上班女性而言很好。

最初少量飲酒，漸漸增加了酒量，變成不喝都不行了，到這種狀態就會造成問題。夜晚、上班前喝酒，到公司之後偷偷喝酒，這就是酒精依賴症的現象。

缺乏集中力，容易出錯，情緒不穩定，突然大哭、生氣，使得家人和同事都受到連累，有這種情形就要接受心療內科、精神科的幫助了。

酒精依賴症不是一種單純的習慣，背後大多隱藏著心理問題。此外，治療時不光是需要本人堅強的意志，還需要家人及朋友的協助。要花較長的時間，但是不要焦躁，一定要好好的治療。

爲避免得酒精依賴症，要知道自己的適量，不可以喝超過適量的酒，要有「休肝日」，這些都是必要的措施。

拒食症、過食症

青春期特有的疾病就是拒食症、過食症，現在連二十、三十歲層的女性都出現這種症狀。年齡愈高愈會責備自己「已經到了這種年齡還這樣子」，因而感覺苦悶。每當聽到她們的苦悶，我就心想「一定要幫助她們」！

無法吃東西的拒食，或者是因拒食而反彈，吃了東西又吐出來的過食等，其背景都在於心理問題。關鍵可能是若無其事的減肥。要發現到底是什麼原因讓她變成這樣子，才能開始眞正的治療，找出解決的方法。

例如，可能是因爲工作的不滿、失戀、與家人爭吵、自身的焦躁，或是拒絕成熟等。能立刻發現原因當然很好，但通常本人都不知道到底爲什麼。有時必須藉著心療內科、精神科、心理醫師的力量來了解。

如果無法馬上去看精神科或心理醫師，可以先和婦科醫師、內科醫師商量。必要的話，可以請他們介紹精神科等。

極端消瘦會使月經不順導致無月經。如果長期間無月經，則子宮、卵巢、掌管月經的荷爾蒙中樞都會受到極大的損傷，變得很難治療。將來也可能會導致不孕。持續三個月以上無月經，最好接受婦科的診察。藉著荷爾蒙療法產生月經。

此外，由於鈣質攝取不足再加上女性荷爾蒙降低，導致骨量減少，容易得**骨質疏鬆症**。這些都必須要治療。

拒食、過食的背景，也可能是「美」的觀念錯誤。消瘦不見得就是美，藉著高級的服裝、化妝品來掩飾也不是美。眞正的美是從內在散發出來的。鏡中映出妳的笑容，那才是眞正的美。

骨質疏鬆症

骨量減少的疾病，骨有如海綿般的小孔，造成疏鬆的狀態。任何人都會發生骨老化，如果超過生理的骨量減少，持續減少就必須接受治療了。以女性荷爾蒙銳減、停經後女性較多見，是腰痛和骨折的原因。

索引

・粗黑數字代表解說頁數

（以筆劃順序編排）

BMI …… 33

B型肝炎 …… 31

CT查檢 …… 25

HIV …… 31

VDT症候群 …… **62** 95

人乳頭瘤病毒 …… 112

子宮癌 …… 27

子宮外孕 …… 104 105 **117**

子宮肌瘤 …… 104 105 107 **118**

子宮體癌 …… **29** 104

子宮頸癌 …… **27** 29 104

子宮頸管炎 …… 103 **122**

子宮內膜炎 …… 105 107

子宮內膜症 …… **25** 105 107

子宮腺肌症 …… 107

子宮全切除術 …… 119

子宮頸管瘜肉 …… 103 104 109 **121**

子宮附屬器炎 …… 105

子宮陰道部糜爛 …… 103 104 109 **123**

子宮內殘留月經血 …… 104

女強人症候群 …… 21

毛蝨 …… 109

五感 …… 59

分泌物 …… 65

月經……14
月經痛……19 25
月經不順……106
月經困難症……105 107 **116**
月經前緊張症……**17** 105
不定愁訴……53 **76**
心療內科……**21** 49
手腳冰冷症……39 **77** 90
不顯性感染……113
白體……52
四物湯……80
外反拇趾……136
外陰炎……104
外陰脂肪腫……108
外陰纖維腫……108

丘腦下部……**51** 60
加味逍遙散……95
本態性高血壓……129
甲狀腺機能亢進症……39
甲狀腺機能症異常……106 107
耳鳴……93
乒乓感染……32
尖頭濕疣……108
成長荷爾蒙……50
成熟卵泡……51
自臭症……65
自律訓練法……75
自律神經……53
自律神經失調症……41 99 129
肌瘤分娩……104

肌瘤切除術……119
肌肉收縮性頭痛……93
衣原體感染症……32 103 108 109
巧克力樣囊瘤……26
血管性頭痛……92
血液中的酒精濃度與酩酊度……142
乳癌……30
尿道炎……32
低血壓……128
性交痛……25
性器疱疹……108 112
性行爲感染症……30
卵泡……51
卵泡素……51
卵巢腫瘤……105
卵巢機能不全……106 107
含鐵較多的食品……131
防止腰痛的日常生活注意事項……87
肥胖……37
拒食症……144
長腫疱……100
芳香療法……77
迫切早產……104
迫切流產……104
苓桂朮甘湯……95
念珠菌……115
念珠菌外陰炎……108
念珠菌陰道炎……31 103 108 109 115
肩膀酸痛……89
肩膀酸痛體操……91

青春期消瘦症……35
疥癬……109
便秘……80 105
恆常性……54
胃潰瘍……126
胰島素……50
急性腹症……105
美容整形……68
科技壓力……62
科技依賴症……63
前列腺素……117
前庭大腺囊腫……108 120
前庭大腺膿瘍……108
星期一憂鬱症……44
神經性眼睛疲勞……97
後天性免疫不全症候群……31
高潮……71
高血壓……128
高催乳激素血症……107
缺鐵性貧血……130
酒精依賴症……141
馬卡洛現象……97
起立性昏眩……98
起立性低血壓……98
骨質疏鬆症……145
骨盆內感染症……33
原發性無月經……106
疾病疼痛症候群……72
貧血……130
痔核……83

痔瘡……82
痔瘻……83
陰道炎……103 104
連珠飲……94
偏頭痛……92
荷爾蒙……50
釣藤散……94
排卵……51
排卵痛……105
排卵期出血……104
梅毒……108 110
梅毒螺旋體……110
乾眼症……62
眼睛疲勞……95
眼球體操……96
黃體……51
黃體素……51
黃體酮……51
黃體生成素……51
黃體機能不全……107
脫水症狀……36
淋病……103 111
淋菌性陰道炎……109 113
梅尼埃爾病……94
假性糜爛……123
僞停經療法……119
細菌性陰道炎……108
裂肛……83
溫經湯……80
無月經……21 36

無排卵……106 107
無排卵月經……106
無性生活……69
稀發月經……16
遲發排卵……106
過食症……35 **144**
過多月經……130
過敏性腸症候群……132
超音波檢查……25
減肥……16 **33**
減肥地獄症候群……34
腸炎……105
腰痛……84
腰痛體操……88
腹腔鏡……27

腦貧血……98
腦下垂體……51
愛滋病……31
腎盂腎炎……135
經口避孕丸……19
當歸芍藥散……80
想生病症候群……72
膀胱炎……105 **134**
雌激素……51 119
境界血壓……128
漢斯・塞里耶……54
滴蟲性陰道炎……103 108 109 **114**
憂鬱病……44 **138**
憂鬱狀態……138
齒槽膿漏……65

頭痛……92
頭暈……94
諮詢……140
避孕丸……19
闌尾炎……105
輸卵管炎……33
黏連……105
壓力……54
壓力處理法……57
鎮定劑……38
懷孕……105 106
顎關節症……20
攝食障礙……35
續發性無月經……106

大展出版社有限公司 圖書目錄

地址：台北市北投區(石牌)
致遠一路二段 12 巷 1 號
郵撥：0166955～1
電話：(02)28236031
28236033
傳真：(02)28272069

·法律專欄連載·電腦編號 58

台大法學院　法律學系／策劃
法律服務社／編著

1. 別讓您的權利睡著了 1　200 元
2. 別讓您的權利睡著了 2　200 元

·秘傳占卜系列·電腦編號 14

1.	手相術	淺野八郎著	180 元
2.	人相術	淺野八郎著	180 元
3.	西洋占星術	淺野八郎著	180 元
4.	中國神奇占卜	淺野八郎著	150 元
5.	夢判斷	淺野八郎著	150 元
6.	前世、來世占卜	淺野八郎著	150 元
7.	法國式血型學	淺野八郎著	150 元
8.	靈感、符咒學	淺野八郎著	150 元
9.	紙牌占卜學	淺野八郎著	150 元
10.	ESP 超能力占卜	淺野八郎著	150 元
11.	猶太數的秘術	淺野八郎著	150 元
12.	新心理測驗	淺野八郎著	160 元
13.	塔羅牌預言秘法	淺野八郎著	200 元

·趣味心理講座·電腦編號 15

1.	性格測驗① 探索男與女	淺野八郎著	140 元
2.	性格測驗② 透視人心奧秘	淺野八郎著	140 元
3.	性格測驗③ 發現陌生的自己	淺野八郎著	140 元
4.	性格測驗④ 發現你的真面目	淺野八郎著	140 元
5.	性格測驗⑤ 讓你們吃驚	淺野八郎著	140 元
6.	性格測驗⑥ 洞穿心理盲點	淺野八郎著	140 元
7.	性格測驗⑦ 探索對方心理	淺野八郎著	140 元
8.	性格測驗⑧ 由吃認識自己	淺野八郎著	160 元
9.	性格測驗⑨ 戀愛知多少	淺野八郎著	160 元
10.	性格測驗⑩ 由裝扮瞭解人心	淺野八郎著	160 元

11.	性格測驗⑪ 敲開內心玄機	淺野八郎著	140元
12.	性格測驗⑫ 透視你的未來	淺野八郎著	160元
13.	血型與你的一生	淺野八郎著	160元
14.	趣味推理遊戲	淺野八郎著	160元
15.	行為語言解析	淺野八郎著	160元

·婦幼天地· 電腦編號 16

1.	八萬人減肥成果	黃靜香譯	180元
2.	三分鐘減肥體操	楊鴻儒譯	150元
3.	窈窕淑女美髮秘訣	柯素娥譯	130元
4.	使妳更迷人	成 玉譯	130元
5.	女性的更年期	官舒妍編譯	160元
6.	胎內育兒法	李玉瓊編譯	150元
7.	早產兒袋鼠式護理	唐岱蘭譯	200元
8.	初次懷孕與生產	婦幼天地編譯組	180元
9.	初次育兒12個月	婦幼天地編譯組	180元
10.	斷乳食與幼兒食	婦幼天地編譯組	180元
11.	培養幼兒能力與性向	婦幼天地編譯組	180元
12.	培養幼兒創造力的玩具與遊戲	婦幼天地編譯組	180元
13.	幼兒的症狀與疾病	婦幼天地編譯組	180元
14.	腿部苗條健美法	婦幼天地編譯組	180元
15.	女性腰痛別忽視	婦幼天地編譯組	150元
16.	舒展身心體操術	李玉瓊編譯	130元
17.	三分鐘臉部體操	趙薇妮著	160元
18.	生動的笑容表情術	趙薇妮著	160元
19.	心曠神怡減肥法	川津祐介著	130元
20.	內衣使妳更美麗	陳玄茹譯	130元
21.	瑜伽美姿美容	黃靜香編著	180元
22.	高雅女性裝扮學	陳珮玲譯	180元
23.	蠶糞肌膚美顏法	坂梨秀子著	160元
24.	認識妳的身體	李玉瓊譯	160元
25.	產後恢復苗條體態	居理安·芙萊喬著	200元
26.	正確護髮美容法	山崎伊久江著	180元
27.	安琪拉美姿養生學	安琪拉蘭斯博瑞著	180元
28.	女體性醫學剖析	增田豐著	220元
29.	懷孕與生產剖析	岡部綾子著	180元
30.	斷奶後的健康育兒	東城百合子著	220元
31.	引出孩子幹勁的責罵藝術	多湖輝著	170元
32.	培養孩子獨立的藝術	多湖輝著	170元
33.	子宮肌瘤與卵巢囊腫	陳秀琳編著	180元
34.	下半身減肥法	納他夏·史達賓著	180元
35.	女性自然美容法	吳雅菁編著	180元
36.	再也不發胖	池園悅太郎著	170元

37. 生男生女控制術	中垣勝裕著	220 元
38. 使妳的肌膚更亮麗	楊　皓編著	170 元
39. 臉部輪廓變美	芝崎義夫著	180 元
40. 斑點、皺紋自己治療	高須克彌著	180 元
41. 面皰自己治療	伊藤雄康著	180 元
42. 隨心所欲瘦身冥想法	原久子著	180 元
43. 胎兒革命	鈴木丈織著	180 元
44. NS 磁氣平衡法塑造窈窕奇蹟	古屋和江著	180 元
45. 享瘦從腳開始	山田陽子著	180 元
46. 小改變瘦 4 公斤	宮本裕子著	180 元
47. 軟管減肥瘦身	高橋輝男著	180 元
48. 海藻精神秘美容法	劉名揚編著	180 元
49. 肌膚保養與脫毛	鈴木真理著	180 元
50. 10 天減肥 3 公斤	彤雲編輯組	180 元
51. 穿出自己的品味	西村玲子著	280 元
52. 小孩髮型設計	李芳黛譯	250 元

・青 春 天 地・電腦編號 17

1. A 血型與星座	柯素娥編譯	160 元
2. B 血型與星座	柯素娥編譯	160 元
3. O 血型與星座	柯素娥編譯	160 元
4. AB 血型與星座	柯素娥編譯	120 元
5. 青春期性教室	呂貴嵐編譯	130 元
7. 難解數學破題	宋釗宜編譯	130 元
9. 小論文寫作秘訣	林顯茂編譯	120 元
11. 中學生野外遊戲	熊谷康編著	120 元
12. 恐怖極短篇	柯素娥編譯	130 元
13. 恐怖夜話	小毛驢編譯	130 元
14. 恐怖幽默短篇	小毛驢編譯	120 元
15. 黑色幽默短篇	小毛驢編譯	120 元
16. 靈異怪談	小毛驢編譯	130 元
17. 錯覺遊戲	小毛驢編著	130 元
18. 整人遊戲	小毛驢編著	150 元
19. 有趣的超常識	柯素娥編譯	130 元
20. 哦！原來如此	林慶旺編譯	130 元
21. 趣味競賽 100 種	劉名揚編譯	120 元
22. 數學謎題入門	宋釗宜編譯	150 元
23. 數學謎題解析	宋釗宜編譯	150 元
24. 透視男女心理	林慶旺編譯	120 元
25. 少女情懷的自白	李桂蘭編譯	120 元
26. 由兄弟姊妹看命運	李玉瓊編譯	130 元
27. 趣味的科學魔術	林慶旺編譯	150 元
28. 趣味的心理實驗室	李燕玲編譯	150 元

29. 愛與性心理測驗	小毛驢編譯	130 元
30. 刑案推理解謎	小毛驢編譯	180 元
31. 偵探常識推理	小毛驢編譯	180 元
32. 偵探常識解謎	小毛驢編譯	130 元
33. 偵探推理遊戲	小毛驢編譯	130 元
34. 趣味的超魔術	廖玉山編著	150 元
35. 趣味的珍奇發明	柯素娥編著	150 元
36. 登山用具與技巧	陳瑞菊編著	150 元
37. 性的漫談	蘇燕謀編著	180 元
38. 無的漫談	蘇燕謀編著	180 元
39. 黑色漫談	蘇燕謀編著	180 元
40. 白色漫談	蘇燕謀編著	180 元

・健 康 天 地・電腦編號 18

1. 壓力的預防與治療	柯素娥編譯	130 元
2. 超科學氣的魔力	柯素娥編譯	130 元
3. 尿療法治病的神奇	中尾良一著	130 元
4. 鐵證如山的尿療法奇蹟	廖玉山譯	120 元
5. 一日斷食健康法	葉慈容編譯	150 元
6. 胃部強健法	陳炳崑譯	120 元
7. 癌症早期檢查法	廖松濤譯	160 元
8. 老人痴呆症防止法	柯素娥編譯	130 元
9. 松葉汁健康飲料	陳麗芬編譯	130 元
10. 揉肚臍健康法	永井秋夫著	150 元
11. 過勞死、猝死的預防	卓秀貞編譯	130 元
12. 高血壓治療與飲食	藤山順豐著	180 元
13. 老人看護指南	柯素娥編譯	150 元
14. 美容外科淺談	楊啟宏著	150 元
15. 美容外科新境界	楊啟宏著	150 元
16. 鹽是天然的醫生	西英司郎著	140 元
17. 年輕十歲不是夢	梁瑞麟譯	200 元
18. 茶料理治百病	桑野和民著	180 元
19. 綠茶治病寶典	桑野和民著	150 元
20. 杜仲茶養顏減肥法	西田博著	150 元
21. 蜂膠驚人療效	瀨長良三郎著	180 元
22. 蜂膠治百病	瀨長良三郎著	180 元
23. 醫藥與生活(一)	鄭炳全著	180 元
24. 鈣長生寶典	落合敏著	180 元
25. 大蒜長生寶典	木下繁太郎著	160 元
26. 居家自我健康檢查	石川恭三著	160 元
27. 永恆的健康人生	李秀鈴譯	200 元
28. 大豆卵磷脂長生寶典	劉雪卿譯	150 元
29. 芳香療法	梁艾琳譯	160 元

30. 醋長生寶典	柯素娥譯	180 元
31. 從星座透視健康	席拉・吉蒂斯著	180 元
32. 愉悅自在保健學	野本二士夫著	160 元
33. 裸睡健康法	丸山淳士等著	160 元
34. 糖尿病預防與治療	藤田順豐著	180 元
35. 維他命長生寶典	菅原明子著	180 元
36. 維他命 C 新效果	鐘文訓編	150 元
37. 手、腳病理按摩	堤芳朗著	160 元
38. AIDS 瞭解與預防	彼得塔歇爾著	180 元
39. 甲殼質殼聚糖健康法	沈永嘉譯	160 元
40. 神經痛預防與治療	木下真男著	160 元
41. 室內身體鍛鍊法	陳炳崑編著	160 元
42. 吃出健康藥膳	劉大器編著	180 元
43. 自我指壓術	蘇燕謀編著	160 元
44. 紅蘿蔔汁斷食療法	李玉瓊編著	150 元
45. 洗心術健康秘法	竺翠萍編譯	170 元
46. 枇杷葉健康療法	柯素娥編譯	180 元
47. 抗衰血癒	楊啟宏著	180 元
48. 與癌搏鬥記	逸見政孝著	180 元
49. 冬蟲夏草長生寶典	高橋義博著	170 元
50. 痔瘡・大腸疾病先端療法	宮島伸宜著	180 元
51. 膠布治癒頑固慢性病	加瀨建造著	180 元
52. 芝麻神奇健康法	小林貞作著	170 元
53. 香煙能防止癡呆？	高田明和著	180 元
54. 穀菜食治癌療法	佐藤成志著	180 元
55. 貼藥健康法	松原英多著	180 元
56. 克服癌症調和道呼吸法	帶津良一著	180 元
57. B 型肝炎預防與治療	野村喜重郎著	180 元
58. 青春永駐養生導引術	早島正雄著	180 元
59. 改變呼吸法創造健康	原久子著	180 元
60. 荷爾蒙平衡養生秘訣	出村博著	180 元
61. 水美肌健康法	井戶勝富著	170 元
62. 認識食物掌握健康	廖梅珠編著	170 元
63. 痛風劇痛消除法	鈴木吉彥著	180 元
64. 酸莖菌驚人療效	上田明彥著	180 元
65. 大豆卵磷脂治現代病	神津健一著	200 元
66. 時辰療法—危險時刻凌晨 4 時	呂建強等著	180 元
67. 自然治癒力提升法	帶津良一著	180 元
68. 巧妙的氣保健法	藤平墨子著	180 元
69. 治癒 C 型肝炎	熊田博光著	180 元
70. 肝臟病預防與治療	劉名揚編著	180 元
71. 腰痛平衡療法	荒井政信著	180 元
72. 根治多汗症、狐臭	稻葉益巳著	220 元
73. 40 歲以後的骨質疏鬆症	沈永嘉譯	180 元

國家圖書館出版品預行編目資料

上班女性的壓力症候群/池下育子著；林瑞玉譯
——初版，——臺北市，品冠文化，2000〔民89〕
面；21公分，——（女醫師系列；3）
譯自：働く女のストレス症候群
ISBN 957-557-973-9（平裝）
1.壓力（心理學） 2.婦女——心理方面
3.婦女——醫療、衛生方面
176.54 88016319

Hataraku Onnano Sutoresu-shoukougun, Joi-san Series
Originally published in Japan by Shufunotomo Co., Ltd., Tokyo

上班女性的壓力症候群 ISBN 957-557-973-9

原著者/ 池下育子
編譯者/ 林瑞玉
發行人/ 蔡孟甫
出版者/ 品冠文化出版社
社 址/ 台北市北投區（石牌）致遠一路2段12巷1號
電 話/ （02）28236031・28236033
傳 真/ （02）28272069
郵政劃撥/ 19346241
登記證/ 局版臺業字第2171號
承印者/ 國順文具印刷行
裝 訂/ 嶸興裝訂有限公司
排版者/ 弘益電腦排版有限公司
電 話/ （02）27112792
初版1刷/ 2000年（民89年） 1月
初版發行/ 2000年（民89年） 3月

定 價/ 200元